**El cuidador
Los enanos
La colección**

Harold Pinter

Colección: **Gran Teatro**

El cuidador
Los enanos
La colección

Traducción de
Laura Thieberger
y Lorenzo Quinteros

Losada

Pinter, Harold
   Teatro. El cuidador. Los enanos. La colección. / Harold Pinter.
   1ª ed. 1ª reimp. - Buenos Aires: Losada, 2005. 176 p.; 22 x 14 cm.
   (Gran teatro)

   Traducido por: Laura Thieberger y Lorenzo Quinteros
   ISBN 950-03-6306-2

   1. Teatro Inglés. I. Thieberger, Laura, trad. II. Título
   CDD 822

Títulos originales:
"Writing for Myself"
© Harold Pinter, 1961

The Caretaker
© NEABAR INVESTMENTS LTD, 1960

The Dwarfs
© NEABAR INVESTMENTS LTD, 1961

The Collection
© NEABAR INVESTMENTS LTD, 1963

The right of Harold Pinter to be identified as author of this work has been asserted by him.
All rights whatsoever in these plays are strictly reserved and application for performance, etc. should be made to JUDY DAISH ASSOCIATES LTD, 2 St. Charles Place, London W10 6EG, England. No performance may be given unless a licence has been obtained.

© Editorial Losada, S. A.
   Moreno 3362,
   Buenos Aires, 2004

Composición y armado: *Taller del Sur*
Diseño de tapa: *Ana María Vargas*

Queda hecho el depósito que marca la ley 11.723.
Libro de edición argentina

D.L.: B. 43.703-2005
Impreso en España - *Printed in Spain*

INTRODUCCIÓN

Escribiendo para mí

Basado en una conversación con Richard Findlater publicada en The Twentieth Century, *en febrero de 1961.*

La primera vez que fui a un teatro, en lo que recuerdo, fue para ver a Donald Wolfit en Shakespeare. Vi su *Lear* seis veces, y luego actué con él en esa obra, como uno de los caballeros del rey. En realidad fui a ver muy pocas obras antes de los veinte años. Más tarde actué en demasiadas. Durante dieciocho meses participé con Anew McMaster, en funciones de una noche y luego en muchos teatros en compañías de repertorio en Huddersfield, Torquay, Bournemouth, Whitby, Colchester, Birmingham, Chesterfield, Worthing, Palmers Green y Richmond. Fui actor durante unos nueve años (con el nombre de David Baron) y me gustaría continuar. Recientemente tuve el papel de Goldberg en *The Birthday Party* (*Fiesta de cumpleaños*) en Cheltenham y lo disfruté mucho. Me agradaría representar ese papel otra vez. Sí, mi experiencia como actor ha influido en mis obras –tiene que haberlo hecho– a pesar de que es imposible que yo lo perciba con exactitud. Creo que desarrollé una sensibilidad para la construcción, que, créase o no, es importante para mí y para el diálogo creíble. Tuve una noción bastante aproximada, en mis primeras obras, de qué es lo que haría callar al público; no tanto en lo que lo hiciese reír; de eso no sabía nada. Siempre que escribo para las tablas simplemente visualizo el escenario al que estoy acostumbrado. He trabajado en el teatro en redondo y lo disfruté, pero eso no me impulsa a escribir obras con ese método en mente. Siempre pienso en el escenario normal como marco de cuadro que utilicé como actor.

Todo el tiempo durante el que estuve actuando, escribía. No obras de teatro, sino cientos de poemas –de los que unos doce merecen ser reeditados– y piezas cortas en prosa. Muchas eran diálogos y una un monólogo que después se transformó en un *sketch* corto para revista. También escribí una novela. En cierta medida era autobiográfica, basada en una parte de mi juventud en Hackney. Yo no era el personaje principal, a pesar de que aparecía disfrazado. El problema de la novela era que se alargaba mucho, abarcando un período demasiado largo e incorporando diversos estilos, de manera que se convirtió más bien en una mezcolanza. Sin embargo, utilicé determinadas partes, que consideré que valían la pena desarrollar en mi obra para radio The Dwarfs (*Los enanos*). Ese era también el título de la novela.

Recién comencé a escribir obras de teatro en 1957. Fue cuando entré en una habitación y observé que había dos personas allí. Esto me obsesionó por un tiempo y comprendí que la única manera de conferirle expresividad y sacarlo de mi mente era por medio de la dramaturgia. Comencé con un cuadro de dos personas y desde ahí me dejé llevar. No fue una transformación deliberada de un tipo de escritura a otro. Fue un movimiento bastante natural. Un amigo mío, Henry Woolf, produjo el resultado –*The Room (La habitación)*– en la Universidad de Bristol, y unos meses más tarde, en enero de 1958, la obra fue incluida –en otra producción distinta– en el festival de teatro universitario. Michael Codron se enteró de la existencia de la obra y me escribió de inmediato para preguntarme si tenía una pieza completa. Justamente había terminado *The Birthday Party*...

Comienzo con gente que se involucra en una situación particular. Ciertamente no escribo partiendo de una idea abstracta. Tampoco reconocería un símbolo si lo viese. Por ejemplo no noté nada extraño en *The Caretaker* (*El cuidador*), y no entiendo por qué tanta gente considera esta obra en la forma en que lo hace. A mí me parece una obra teatral muy directa y simple. ¿Cuál es el germen de mis obras? Seré tan preciso como pueda al respecto. Ingresé en una habitación y observé que había una persona parada y otra sentada, y, algunas semanas después, escribí *The Room*. Entré en otra habitación y vi que había dos personas sentadas, y, algunos años después, escribí *The Birthday Party*. Más tarde observé por una puerta una tercera habitación; había dos personas paradas y entonces escribí *The Caretaker*.

Cuando escribo no lo hago para ningún público en particular. Me limito a escribir. Me arriesgo a presentar mis obras a una audiencia. Eso es lo que hice desde el principio, y creo que funcionó –en el sentido en que encuentro que *hay* un público–. Si tienes algo que quieres transmitir al mundo, te preocupará que sólo sea posible que algunos miles de personas puedan ver tu obra. Entonces harás otra cosa. Te convertirás en un maestro de religión o en un político, tal vez. Pero si no quieres trasmitir al mundo un mensaje en particular, explícita y directamente, simplemente seguirás escribiendo, y eso te dejará satisfecho. Siempre me sorprendió que hubiese alguien que viniese a ver mis obras, siquiera, ya que escribirlas era algo muy personal. Lo hacía –y continúo haciéndolo– para mi propio provecho; y es puramente accidental que alguna otra persona se avenga a participar. Desde el principio al fin, escribes porque tienes algo que *deseas* escribir, *tienes* que escribirlo. Para ti mismo.

Estoy convencido de que lo que pasa en mis obras podría suceder en cualquier parte, en cualquier momento, en cualquier lugar, a pesar de que los hechos pudiesen no parecer familiares a primera vista. Si me obligaran a dar una definición, diría que lo que pasa en mis obras es realista, aunque lo que estoy haciendo no es realismo.

¿Escribir para televisión? No hago distinción alguna entre distintos tipos de escritura, pero cuando escribo para teatro, siempre mantengo una continuidad de acción. La televisión se presta para cortes rápidos entre una escena y la otra, y hoy en día lo veo cada vez más en términos de imágenes. Cuando pienso en alguien llamando a una puerta, veo cómo la puerta se abre en primer plano y una larga toma de alguien subiendo las escaleras. Por supuesto que las palabras acompañan las imágenes, pero en televisión finalmente las palabras son menos importantes que en el teatro. En una obra que escribí, llamada *A Night Out* (*La salida nocturna*), en mi opinión se integran con éxito la toma y las palabras, lo que tal vez podría deberse a que la escribí en principio para radio. Fueron dieciséis millones de personas que la vieron en televisión. Eso es muy difícil de asimilar. Ni siquiera se lo puede imaginar. Y cuando se escribe para televisión, no se lo piensa. No encuentro que la televisión sea limitante ni restrictiva, ni necesariamente se circunscribe al realismo. Sus posibilidades van mucho más allá. Actualmente tengo una o dos ideas en mi cabeza que no son muy realistas y que tal vez serían bastante efectivas en televisión.

Me gusta escribir para trasmisión radial, ya que es muy libre. Cuando escribí *The Dwarfs*, hace algunos meses, tuve la oportunidad de experimentar en forma, una estructura móvil y flexible, más móvil y flexible que en ningún otro medio. Y desde el punto de vista del contenido, pude ir al fondo y disfrutarlo explorando hasta una medida que no sería aceptable en ningún otro medio. Estoy convencido de que el resultado pudo haber sido totalmente incomprensible para el público, pero no fue así en lo que se refiere a mí, y me resultó muy valioso.

Yo no estoy comprometido como escritor, en el sentido habitual del término, ni religiosa ni políticamente. Y tampoco soy consciente de tener ninguna función social en especial. Escribo porque quiero escribir. No creo regirme por determinados carteles, ni porto estandartes. A la postre desconfío de rótulos definitivos. En la medida en lo que respecta al estado del teatro soy consciente, como cualquier otra persona, de las fallas del procedimiento, del buen gusto, de la concepción general, de la administración, y creo que las cosas van a continuar más o menos como hasta ahora por bastante tiempo. Sin embargo me parece que hubo un cierto avance en un sentido o en otro durante los últimos tres años. *The Caretaker* no hubiese llegado a estrenarse y seguramente no hubiese tenido éxito antes de 1957. Las viejas categorías de comedia, tragedia y farsa, carecen de importancia, y el hecho de que los productores parecen haberse dado cuenta de eso significa un cambio favorable. Pero escribir para el teatro es lo más difícil de todo, cualquiera sea el sistema empleado. Lo encuentro más y más difícil a medida que lo pienso.

El cuidador

Personajes

MICK
ASTON
DAVIES

La acción tiene lugar en una casa del oeste de Londres.

ACTO I: Noche de invierno.
ACTO II: Unos segundos más tarde.
ACTO III: Dos semanas después.

Habitación. En la pared del fondo hay una ventana. La mitad inferior de la ventana está cubierta con una bolsa de arpillera. Una cama de hierro a lo largo de la pared izquierda. Por encima hay un pequeño armario, tachos de pintura, cajas conteniendo tornillos, tuercas, etc. Más cajas, jarrones, al costado de la cama. Una puerta arriba a la derecha. A la derecha de la ventana hay una pila de trastos compuesta por: una pileta de cocina, una escalera de tijera, un balde para carbón, una cortadora de pasto, un changuito para compras, cajas, y algunos cajones de aparador. Debajo de esta pila, una cama de hierro. Pegada a ella, una cocina a gas. Sobre la cocina, una estatua de buda. Abajo, a la derecha, un hogar. Alrededor, algunas valijas, una alfombra enrollada, un soplete, una silla de madera volcada, cajas y algunos ornamentos. Un perchero para ropa, algunos cor-

tos *listones de madera, una estufa eléctrica pequeña y una muy vieja tostadora eléctrica. Debajo hay una pila de dia ‑ rios viejos. Debajo de la cama de* Aston, *sobre la pared izquierda, hay una aspiradora que recién se verá cuando se la use. Un balde cuelga del techo.*

PRIMER ACTO

(Mick *está a solas en el cuarto, sentado en la cama. Lleva puesta una campera de cuero.*
Silencio.
Con lentitud, mira el cuarto en todas las direcciones, contemplando un objeto tras otro. Levanta la vista hacia el techo y la clava en el balde. Luego se sienta muy quieto, sin ninguna expresión, con la vista dirigida hacia adelante en dirección al público.
Silencio de treinta segundos. Se oye un portazo seguido de voces apagadas. Mick *gira la cabeza, se pone de pie, camina silenciosamente hacia la puerta, sale y cierra con cuidado.*
Silencio.
Se percibe nuevamente el rumor de voces. El ruido se acerca y cesa. Se abre la puerta. Entra Aston. *Detrás de él, entra* Davies, *bamboleándose al andar y con la respiración jadeante.*
Aston *viste un sobretodo viejo de tweed, debajo del cual lleva un gastado traje a rayas azul oscuro recto, con un pulóver y una camisa y corbata gastadas.* Davies *lleva un sobretodo marrón gastado, pantalones deformados, un chaleco, camiseta, sin camisa, y sandalias.* Aston *se guarda la llave en el bolsillo y cierra la puerta.* Davies *mira a su alrededor.*)

ASTON: Siéntese.
DAVIES: Gracias. (*Mira a su alrededor.*) Eh...
ASTON: Un momento.

(*Busca una silla, ve una tirada al lado del rollo de alfombra en la chimenea, se acerca y la toma.*)

DAVIES: ¿Que me siente? ¡Mmm!... Me hace falta. No me siento como corresponde desde... cómo decírselo...
ASTON (*ubica la silla*): Acá tiene.
DAVIES: Diez minutos para tomar el té en medio de la noche en ese lugar y no había manera de encontrar una silla. Las acaparaban los polacos, los griegos, los negros, todos ellos y los demás extranjeros. A mí me hacían trabajar, me hacían trabajar...
   (Aston *está sentado en la cama. Toma una lata de tabaco y papeles de su bolsillo y se arma un cigarrillo. Davies lo observa.*)
Allí eran todos negros, sí, negros, griegos, polacos, toda esa banda, eso eran, acaparaban todas las sillas. Me trataban como basura. Cuando él vino por la noche se lo dije.

(*Pausa.*)

ASTON: Siéntese.
DAVIES: Sí, pero lo que tengo que hacer ante todo... es ponerme cómodo, ¿no es cierto? Pude morirme allí.

(Davies *despotrica en voz alta, pega fuerte hacia abajo con el puño cerrado, da la espalda a* Aston *y contempla la pared del fondo. Pausa.* Aston *enciende un cigarrillo.*)

ASTON: ¿Quiere hacerse uno de estos?

Davies (*dándose vuelta*): ¿Cómo? No, no, nunca fumo cigarrillos.
  (*Pausa y se desplaza hacia adelante.*)
  Lo que usted puede hacer, sin embargo, es darme un poco de tabaco para mi pipa, si quiere.
Aston (*Acercándole la lata a* Davies): Sí, dele, sáquese un poco.
Davies: Es usted muy bondadoso, míster. Sólo para llenar mi pipa, nada más. (*Saca una pipa de su bolsillo y la llena.*) Yo mismo tenía una lata hace poco. Pero me la tiraron. Me la tiraron en la calle. (*Le alcanza la lata.*) ¿Dónde la pongo?
Aston: Démela a mí.
Davies (*dándole la lata*): Cuando se acercó a mí esta noche se lo dije. ¿No es cierto? Usted oyó que se lo dije, ¿verdad?
Aston: Lo vi cuando lo encaraba.
Davies: ¿Me encaraba? Ni protestar siquiera. Ese asqueroso a un viejo como yo... yo, que me senté a la mesa con los mejores.

(*Pausa.*)

Aston: Sí, yo vi que se le tiró encima.
Davies: Todos esos vagos tienen modales de cerdo. ¿Sabe amigo? Es verdad que desde hace algunos años yo ando por la calle, pero soy limpio, me cuido. Por eso abandoné a mi mujer. A las dos semanas de casarnos..., no, antes, después de una semana, levanté la tapa de una cacerola, ¿y sabe qué había dentro? Un montón de ropa interior de ella, sin lavar. ¡La cacerola de la verdura! Por eso la dejé, y no la vi mas.
  (Davies *gira, camina bamboleándose. Se planta delante de la estatua de buda colocada sobre la cocina a gas, la mira un momento y luego gira.*)

Yo he comido en los mejores restaurantes. Lo mejor de lo mejor. Pero ya no soy joven. En esos tiempos yo era tan capaz como cualquiera de ellos. Conmigo no se atrevían a nada. Pero hace un tiempo que no me siento bien. Tuve unos ataques.
(*Pausa. Se acerca a* Aston.)
¿Usted vio lo que pasó con aquel tipo?
ASTON: No. Llegué al final.
DAVIES: Vino hacia mí, me plantó delante un tacho de basura y me dijo que lo llevara hasta el fondo. No es mi función sacar fuera el tacho. Hay un chico que se ocupa de eso. No me contrataron para sacar tachos. Mi ocupación es limpiar los pisos, despejar las mesas, lavar algunos platos... ¡Nada que ver con los tachos de basura!
ASTON: ¡Ah!

(*Se levanta, cruza a la derecha para levantar la tostadora.*)

DAVIES (*Siguiéndolo*): ¡Sí, aunque lo hubiese hecho! ¡Aunque hubiese tenido que hacerlo! ¡Aunque yo tuviera que sacar los tachos!, ¿quién era ese idiota para plantarse y darme órdenes? Es un empleado como yo. No es mi jefe. De ninguna manera está por encima mío.
ASTON: ¿Qué era, griego?
DAVIES: Nada de eso, era escocés. Era un escocés.
(Aston *vuelve a su cama con la tostadora y empieza a destornillar el enchufe.* Davies *lo sigue.*)
¿Usted lo observó bien? ¿Sí?
ASTON: Sí.
DAVIES: Le dije lo que podía hacer con su tacho. ¿Usted lo oyó, verdad?: "Mire, yo estaré viejo, le dije, pero me crié respetando a las personas mayores, con el respeto que merecen. Me educaron con ideas dignas, y si tuviese unos

años menos, yo le... le partiría la cabeza a puñetazos".
Eso fue después que el jefe me despidiera. Dijo que yo
armaba mucho lío. ¡Yo! ¡Lío! "Mire, le dije, yo tengo
mis derechos". Le dije eso. "A pesar de que estuve andando por las calles un tiempo, nadie tiene más derechos
que yo. Seamos justos", le dije. De todos modos me echó.
(*Se sienta en la silla.*) Ese lugar es una porquería.
(Pausa.)
Si no fuese por usted que contuvo a ese idiota escocés,
yo estaría en un hospital ahora. Me hubiese partido la
cabeza en el pavimento si me hubiese agarrado. Pero
me las pagará. Una noche me las pagará. Cuando vaya
por ahí.
(Aston *se levanta, se acerca a la caja de enchufes y saca uno.*)
No me preocuparía más si no fuera porque dejé todas
mis cosas allí, en el cuartito del fondo. Todas. Todo lo
que tenía, sabe, lo dejé en esa bolsa. Dejé cada una de
mis mugrientas cosas ahí. En el apuro. Seguro que las
está revisando en este momento.

ASTON: Yo pasaré por ahí en algún momento y se lo traeré.

(*Vuelve a su cama y vuelve a empezar a colocar el nuevo enchufe en la tostadora.*)

DAVIES: Estoy muy agradecido por permitirme... por permitirme que descanse así... durante un rato. (*Mira en torno.*) ¿Este es su cuarto?
ASTON: Sí.
DAVIES: Tiene unas cuantas cosas aquí.
ASTON: Sí.
DAVIES; Debe valer bastante todo esto... junto.
(*Pausa.*)
¡Mire que hay cosas, eh!

ASTON: Sí, algunas.
DAVIES: ¿Usted duerme aquí?
ASTON: Sí.
DAVIES: ¿Qué? ¿En esa cama?
ASTON: Sí.
DAVIES: ¡Ahí sí, ahí no sentirá corrientes de aire!
ASTON: Corre poco viento.
DAVIES: Aquí usted estará protegido. Es muy distinto cuando se duerme en la calle.
ASTON: Ahá.
DAVIES: El viento sopla por todas partes...

(*Pausa.*)

ASTON: Sí, cuando se levanta viento...

(*Pausa.*)

DAVIES: Sí.
ASTON: ¡Mmm!...

(*Pausa.*)

DAVIES: Se forman corrientes.
ASTON: ¡Ahá!
DAVIES: A mí me afectan mucho.
ASTON: ¿Sí?
DAVIES: Siempre fui igual.
 (*Pausa.*)
 Tiene otras habitaciones, ¿no?
ASTON: ¿Dónde?
DAVIES: Digo, aquí... o arriba... o...
ASTON: No están habitables.
DAVIES: ¡Vamos!

ASTON: Precisan mucho retoque.

(*Corta pausa.*)

DAVIES: ¿Y abajo?
ASTON: Está todo clausurado. Necesita mejoras... Los pisos...

(*Pausa.*)

DAVIES: Por suerte usted entró en ese boliche. Me podría haber liquidado esa basura de escocés. Más de una vez me han dado por muerto.
(*Pausa.*)
Noté que alguien estaba viviendo en la casa de al lado.
ASTON: ¿Qué?
DAVIES (*gesticulando*): Noté...
ASTON: Sí. Hay gente viviendo en toda la calle.
DAVIES: Sí, al venir vi que habían bajado las cortinas.
ASTON: Son vecinos.

(*Pausa.*)

DAVIES: Pero esta es su casa, ¿no?

(*Pausa.*)

ASTON: Soy el encargado.
DAVIES: Usted es el propietario, no es cierto?
(*Pone la pipa en su boca y hace como que fuma sin prenderla.*)
Al venir noté que habían bajado las cortinas en la casa de al lado.

Eran grandes cortinas pesadas justo abajo, en frente de esa ventana. Pensé que alguien debía vivir allí.
ASTON: Una familia de indios.
DAVIES: ¿Negros?
ASTON: No los veo casi nunca.
DAVIES: ¡Negros, ¿eh...? (*Se levanta y camina.*) Realmente, usted tiene muchas chucherías aquí. Siempre digo que no me gustan las piezas vacías.
    (Aston *va junto a* Davies *arriba en el centro.*)
    Dígame, amigo, ¿no le sobrará un par de zapatos por ahí?
ASTON: ¿Zapatos?

(Aston *baja a la derecha.*)

DAVIES: Unos canallas del monasterio me fallaron.
ASTON (*va hacia su cama*): ¿Dónde?
DAVIES: En Luton, en el Monasterio de Luton... Tengo un amigo por allí, en Shepherd's Bush, ¿sabe?
ASTON (*se arrodilla y mira bajo la cama*): Creo que había un par.
DAVIES: Tengo este amigo que trabaja en Shepherd's Bush, en los baños. Bueno, estaba en los baños. Se ocupaba de los mejores baños que tenían. (*Mira a* Aston.) Estaba encargado de los mejores. Y siempre me daba un poco de jabón cuando yo iba. Muy bueno. Ellos tienen que tener un jabón de lo mejor. Nunca me faltó un pedazo de jabón cuando yo solía pasar por la zona de Shepherd's Bush.
ASTON (*sale con un par de zapatos marrones de debajo de la cama*): Un par marrones.
DAVIES: Mi amigo no trabaja más ahí, se fue. Él fue el que me conectó con el monasterio. Justo pasando Luton. Él fue el que oyó decir que repartían zapatos.

Aston: Usted precisa un buen par.
Davies: ¿Zapatos? Para mí, los zapatos son la vida. Tuve que irme hasta Luton con éstos.
Aston: ¿Qué pasó entonces, cuando llegó al monasterio?

(*Pausa.*)

Davies: Yo conocía un zapatero en Acton. Fue un buen compañero. (*Pausa.*) ¿Sabe lo que me dijo el cretino del fraile? (*Pausa.*) ¿Hay muchos más negros por aquí?
Aston: ¿Qué?
Davies: ¿Hay muchos más negros por aquí?
Aston (*observando los zapatos*): ¿A ver si le van bien?
Davies: ¿Sabe lo que me dijo el cretino del fraile? (*Observa los zapatos.*) Creo que van a ser un poco chicos.
Aston: ¿Le parece?
Davies: No, creo que no son de mi tamaño.
Aston: Pero tienen una buena terminación.
Davies: No puedo usar zapatos que no me queden bien. No hay nada peor. Le dije a ese fraile "Escuche, escuche míster..." Abrió la puerta, una puerta grande, la abrió. "Mire, míster", le dije, "vengo desde lejos. Mire", le dije y le señalé estos zapatos... "¿No tiene un par de zapatos, un par de zapatos como para que pueda seguir caminando? Mire éstos, ya casi no sirven para nada" le dije, ya no me sirven. "Sé que hay un montón de zapatos aquí." "Desaparezca", me dijo. "Oiga", le dije, "soy un viejo y usted no puede hablarme de esa manera. "No me importa quién es usted; si no se marcha de aquí", me dijo, "lo saco a patadas hasta el portón." "Oiga, míster", le dije, "espere un poco. Lo único que pido es un par de zapatos, no debe insultarme así. Hace tres días que vengo caminando", le dije, "tres días sin probar bocado, y creo que merezco comer algo, ¿eh?

"Vaya a la cocina por el otro lado", me dijo, "y cuando haya comido, váyase de este lugar." Fui por el otro lado a la cocina. ¿Sabe qué me dieron? Un pajarito. Una porquería chiquita, que se podía comer en menos de dos minutos. "Ahora que ya comió, puede irse", me dijeron. "¿Eso es comida?", les dije, "¿Por qué me tomaron? ¿Por un perro? ¿Nada menos que por un perro? ¿Qué creen que soy? ¿Un animal salvaje? ¿Y los zapatos? Vine de tan lejos porque me dijeron que ustedes los regalaban. Me están entrando ganas de ir a quejarme a la madre superiora." Un fraile con pinta de matón irlandés vino hacia mí, y yo me rajé por el atajo a Watford y encontré un par allí, pero en cuanto me puse a caminar por el camino de circunvalación, justo pasando Hendon, se les salieron las suelas, justo cuando estaba caminando. Suerte que llevaba estos viejos envueltos en papel..., que no los tiré, porque si no, estaba perdido. Entonces tuve que quedarme con éstos, ¿sabe? Pero ya no sirven para nada, están demasiado gastados.

ASTON: Pruébese éstos.

(Davies *toma los zapatos, se quita las sandalias y se los prueba.*)

DAVIES: No, no está mal este par. (*Camina con esfuerzo por el cuarto.*) Y son fuertes. Tampoco son feos. El cuero es resistente, ¿eh? Muy resistente. Un tipo quiso endilgarme un par de zapatos de gamuza el otro día. Me negué a usarlos. No hay como el cuero para el uso. La gamuza se gasta, se raja, se mancha para siempre en pocos minutos... No hay como el cuero. Sí, son buenos estos zapatos.

ASTON: Me alegro.

(Davies *mueve sus pies.*)

DAVIES: Sin embargo, no me quedan bien.
ASTON: ¡Pero!
DAVIES: No. Yo tengo el pie muy ancho.
ASTON: ¡Mmm!
DAVIES: Estos son demasiado puntiagudos... ¿Ve?
ASTON: ¡Ah!
DAVIES: Me estropearían los pies en una semana. Digo, estos que tengo puestos no valen nada, pero por lo menos son cómodos. No son elegantes, pero no lastiman. (*Se los quita y los devuelve a* Aston.) De todos modos, míster, muchas gracias.
ASTON: A lo mejor encuentro algo.
DAVIES: ¡Ojalá tenga suerte! No puedo seguir así. No puedo ir de un lugar a otro. Y voy a tener que moverme mucho, ¿sabe?, para poder arreglármelas.
ASTON: ¿Adónde piensa ir?
DAVIES: Tengo algunos proyectos. Estoy esperando que el tiempo mejore.

(*Pausa.*)

ASTON (*ocupado con la tostadora*): ¿Le... le gustaría dormir aquí?
DAVIES: ¿Aquí?
ASTON: Puede hacerlo... si es que quiere.
DAVIES: ¿Aquí? No sé qué decirle.
   (*Pausa.*)
¿Por cuánto tiempo?
ASTON: Hasta que... pueda arreglarse.
DAVIES (*sentándose*): Bueno, eso...
ASTON: Hasta que tenga... un lugar donde vivir...
DAVIES: Bueno, yo me arreglaré... bastante pronto.

(*Pausa.*)
¿Y dónde dormiría?
Aston: Aquí. Las otras habitaciones no, no le servirían.
Davies (*levantándose y mirando a su alrededor*): ¿Aquí? ¿Dónde?
Aston (*levantándose, señala arriba a la derecha*): Debajo de todo eso hay una cama.
Davies: ¡Oh!, ya veo. Bueno, qué bien. Bueno, entonces... le digo algo, yo podría hacerlo, hasta que me pueda establecer. Usted tiene bastantes muebles aquí.
Aston: Se fueron juntando. Los tengo aquí por el momento. Pensé que me servirían.
Davies: ¿Y esa cocina de gas funciona?
Aston: No.
Davies: ¿Qué hace cuando quiere tomar una taza de té?
Aston: No hago nada.
Davies: Es un problema. (*Señala las tablas.*) ¿Está construyendo algo?
Aston: Tal vez haga un galponcito en el fondo.
Davies: ¿Carpintero, eh? (*Se refiere a la cortadora de pasto.*) ¿Tiene un jardín?
Aston: Mire.

(*Levanta la bolsa de la ventana, y miran hacia afuera.*)

Davies: Parece demasiado... tupido.
Aston: Sí, hay mucha vegetación.
Davies: ¿Qué es aquello? ¿Un estanque?
Aston: Sí.
Davies: ¿Con peces?
Aston: No. Dentro no hay nada.

(*Pausa.*)

Davies: ¿Dónde piensa hacer el galponcito?
Aston (*dandose vuelta*): Primero tendré que despejar el jardín.
Davies: Va a precisar un tractor, amigo.
Aston: Yo lo haré.
Davies: ¿Así que carpintero, eh?
Aston (*se queda de pie*): Me gusta... hacer trabajos manuales.

(Davies *toma la estatua de buda*.)

Davies: ¿Y esto qué es?
Aston (*tomando la estatua y estudiándola*): Es un buda.
Davies: ¡Vamos!
Aston: Sí, a mí me gusta bastante. Lo encontré en... en un negocio. Me pareció tan lindo... No sé por qué. ¿Usted qué opina de estos budas?
Davies: ¡Oh! Están... están muy bien, ¿No es cierto?
Aston. Sí. Yo me alegré mucho cuando lo conseguí. Está muy bien tallado.)

(Davies *gira y husmea debajo de la pileta.*)

Davies: Esta es la cama, ¿no?
Aston (*yendo hacia la cama*): Tendremos que sacar todo eso. La escalera entrará debajo de la cama.

(Aston y Davies *ponen la escalera bajo la cama.*)

Davies (*señalando la pileta*): ¿Y esto?
Aston: También puede venir aquí.
Davies: Le doy una mano. (*La levantan.*) Pesa una tonelada, ¿no?
Aston: Aquí debajo.
Davies: ¿Entonces, todo esto no se usa?

ASTON. No, ya me lo sacaré de encima. Aquí.
(*Ponen la pileta debajo de la cama.*)
Hay un baño bajando por el corredor. Allí hay una pileta. Podemos poner estas cosas ahí.

(*Mueven el balde para carbón, el changuito de compras, la cortadora de pasto y cajones de aparador hacia la pared derecha.*)

DAVIES (*quedandose de pie*): ¿usted no lo comparte, no es cierto?
ASTON: ¿Cómo?
DAVIES: ¿Quiero decir que no comparte el baño con esos Negros, no?
ASTON: Viven al lado.
DAVIES: ¡Ellos no entrarán, supongo! (Aston *coloca un cajon contra la pared.*) Porque, usted sabe... quiero decir... que lo justo es lo justo...
ASTON (*va hacia la cama, sopla el polvo y sacude una frazada*): ¿Vio una caja azul?
DAVIES: ¿Caja azul? Aquí abajo. Mire, al lado de la alfombra.
(Aston *va a la caja, la abre, saca una almohada y una sabana y las coloca sobre la cama.*)
Es una linda sábana.
ASTON: La frazada puede tener un poco de polvo.
DAVIES: No se preocupe.

(Aston, *de pie, saca su tabaco y comienza a armar un cigarrillo. Va hacia su cama y se sienta.*)

ASTON: ¿Tiene dinero?
DAVIES: ¿Eh?...bien, míster... La verdad es que ando un poco escaso.

(Aston *saca monedas de un bolsillo, separa algunas y le da cinco.*)

ASTON: Aquí tiene un poco.
DAVIES (*tomando las monedas*): Muchas gracias, muchas gracias, buena suerte. Da la coincidencia que me encuentro un poco mal de fondos. ¿Sabe? No me dieron nada por todo el trabajo que hice la semana pasada. Esa es la situación, eso es lo que es.

(*Pausa.*)

ASTON: Entré en un bar el otro día. Pedí una cerveza. Me la sirvieron en un vaso grueso. Me senté, pero no la pude tomar. Yo no puedo tomar cerveza en vasos gruesos. Sólo la tomo en vasos finos. Tomé algunos tragos, pero no la pude terminar.

(Aston *agarra el destornillador y el enchufe de la cama y comienza a manipularlos.*)

DAVIES (*con mucho sentimiento*): ¡Si al tiempo se le diera por cambiar! Entonces podría ir a Sidcup.
ASTON: ¿A Sidcup?
DAVIES: El tiempo está tan podrido que yo no podría ir a Sidcup con estos zapatos.
ASTON: ¿Por qué quiere ir a Sidcup?
DAVIES: Tengo ahí mis papeles.

(*Pausa.*)

ASTON: ¿Sus qué?
DAVIES: Mis papeles.

(*Pausa*)

Aston: ¿Qué hacen en Sidcup?
Davies: Me los guarda un hombre que conozco. Los dejé en sus manos, ¿sabe? ¡Demuestran quién soy! Sin ellos no me puedo mover. Son la prueba de quién soy, ¿sabe? ¡Sin ellos estoy jodido!
Aston: ¿Por qué?
Davies: Bueno, es que... yo cambié de nombre... hace años. Ando con un nombre que no es el mío. No es mi nombre real.
Aston: ¿Qué nombre usa?
Davies: Jenkins. Bernard Jenkins. Ese es mi nombre. De todos modos es el nombre con el que se me conoce. Pero no está bien que lo siga usando. No tengo ningún derecho. Esta es mi libreta de desempleo. (*Extrae una tarjeta del bolsillo.*) Está a nombre de Jenkins. ¿Ve? Bernard Jenkins. Mire. Tiene cuatro sellos. Cuatro. Pero con esto no puedo andar. Decubrirían que no es mi nombre real y me meterían en la cárcel. Cuatro sellos. No pagué monedas, sino mucha plata. Puse billetes, no monedas. Hubo otros sellos, muchos, pero omitieron colocarlos los idiotas y nunca tuve tiempo de ocuparme.
Aston: Deberían haber sellado su libreta.
Davies: No hubiera servido para nada. De todos modos no hubiera recibido nada. Ese no es mi nombre real. Si anduviese con esta libreta me encerrarían.
Aston: Entonces, ¿cuál es su verdadero nombre?
Davies: Davies. MacDavies, eso fue antes de cambiarme el nombre.
Aston (*después de una pausa*): No tiene más remedio que arreglar todo eso.
Davies: Si pudiese llegar a Sidcup. Estuve esperando a que

el tiempo mejore. Él tiene mis papeles, el hombre a quién se los dejé, todo está allí. Yo podría aclarar todo.
Aston: ¿Hace cuánto que los tiene?
Davies: ¿Qué?
Aston: ¿Hace cuánto que los tiene?
Davies: ¡Eh!... Debe ser... fue durante la guerra... debe ser... aproximadamente... desde hace unos quince años.

(*Pausa. Davies de pronto percibe el balde colgado, y lo mira.*)

Aston: Cuando quiera ... acostarse... puede hacerlo. No se preocupe por mí.
Davies (*quitándose el sobretodo*): Bueno, sí... Creo que me acostaré. Estoy un poco... un poco cansado. (*Se quita los pantalones y los observa.*) ¿Pongo esto aquí?
Aston: Sí.

(Davies *pone el sobretodo y los pantalones en el perchero.*)

Davies: Veo que tiene un balde ahí arriba.
Aston: Goteras.

(Davies *mira hacia arriba.*)

Davies: Bueno, entonces voy a probar su cama. ¿No se acuesta?
Aston: Estoy arreglando este enchufe.
Davies (*mira a* Aston *y luego a la cocina de gas*): Y esto... esto, ¿no lo podría correr, eh?
Aston: Es un poco pesado.
Davies: Sí. (*Se mete en la cama. Prueba su resistencia y su*

longitud.) No está mal. No está mal. Es una buena cama. Creo que aquí dormiré bien.

ASTON: Debo ponerle una buena pantalla a esa bombita. La luz es un poco fuerte.

DAVIES: No se preocupe por eso, míster, no se preocupe por eso. (*Levanta la cobija, se acuesta y se da vuelta.*)

(Aston *chapucea con el enchufe. Las luces se apagan lentamente. Oscuridad. Se encienden las luces. Es de maña - na. Aston está abotonándose los pantalones. Aston, para - do, alisa su cama. Gira, va al centro de la habitación y mira a* Davies. *Se da vuelta, se pone el saco, vuelve a girar, va hacia* Davies *y baja la mirada hacia él. Tose.* Davies *se incorpora bruscamente.*)

DAVIES: ¡Qué! ¿Qué pasa? ¿Qué pasa?
ASTON: No pasa nada.
DAVIES (*con los ojos muy abiertos*): ¿Qué sucede?
ASTON: No sucede nada.
DAVIES (*mira alrededor*): ¡Ah, bueno!
ASTON (*va hacia su cama, toma el enchufe y lo sacude*): ¿Durmió bien?
DAVIES: Sí, como un tronco. No me di cuenta de nada.

(Aston *baja a la parte inferior derecha, agarra la tos - tadora y la observa*).

ASTON: Usted... este...
DAVIES: ¿Qué?
ASTON: ¿Soñaba o cosa parecida?
DAVIES: ¿Soñar?
ASTON: Sí.
DAVIES: Yo no sueño. No sueño nunca.
ASTON: No, yo tampoco.

Davies: Ni yo. (*Pausa.*) ¿Por qué me pregunta, entonces?
Aston: Usted hacía ruidos.
Davies: ¿Quién?
Aston: Usted.

(Davies *sale de la cama, en calzoncillos largos*)

Davies: Un momento... Espere un momento ¿Qué quiere decir con eso? ¿Qué tipo de ruidos?
Aston: Gruñidos. Palabras incoherentes.
Davies: ¿Palabras incoherentes? ¿Yo?
Aston: Sí.
Davies: Yo no hablo en forma incoherente. Nadie me dijo eso antes. (*Pausa.*) ¿De qué iba a hablar?
Aston: No sé.
Davies: Quiero decir, esto no tiene sentido.(*Pausa.*) Nadie me lo dijo antes. (*Pausa.*) Se equivocó de persona, compañero.
Aston (*cruza hacia su cama, llevando la tostadora*): No. Usted me despertó. Pensé que estaría soñando.
Davies: No estaba soñando. Nunca tuve un sueño en mi vida.

(*Pausa.*)

Aston: Tal vez era la cama.
Davies: Esta cama no tiene nada de malo.
Aston: Le puede resultar algo extraña, tal vez.
Davies: Yo no siento nada extraño en ninguna cama. He dormido en muchas. No voy a hacer ruido por eso. Dormí en muchas camas. (*Pausa.*) ¿Sabe una cosa? Pueden haber sido los negros.
Aston: ¿Qué?
Davies: Esos ruidos.

ASTON: ¿Qué negros?

DAVIES: Esos negros que usted tiene. Al lado. Quizás esos Negros hacían ruidos y se oían a través de las paredes.

ASTON: ¡Mmm!

DAVIES: Esta es mi opinión.

(Aston *deja el enchufe y va hasta la puerta.*)

¿Qué? ¿Va a salir?

ASTON: Sí.

DAVIES (*tomando las sandalias*): Entonces espere un momento, sólo un momento.

ASTON: ¿Qué hace?

DAVIES (*poniéndose las sandalias*): Mejor voy con usted.

ASTON: ¿Por qué?

DAVIES: Quiero decir... de todos modos mejor voy con usted.

ASTON: ¿Por qué?

DAVIES: Bueno... ¿no quiere que salga?

ASTON: ¿Para qué?

DAVIES: Quiero decir... cuando usted no está. ¿No quiere que me vaya... cuando usted no está?

ASTON: No es necesario...

DAVIES: ¿Entonces... puedo quedarme aquí?

ASTON: Haga lo que quiera. No tiene que irse porque salga yo.

DAVIES: ¿No le importa que yo me quede aquí?

ASTON: Tengo un par de llaves. (*Toma una caja que hay al lado de su cama y saca dos llaves.*) De esta puerta y de la puerta de calle. (*Le da las llaves a* Davies.)

DAVIES: Muchas gracias, mucha suerte.

(*Pausa.* Aston *se para.*)

ASTON: Voy a dar una vuelta. Hay un pequeño... una especie de negocio. El hombre tenía una sierra vaivén que me gustó bastante.

DAVIES: ¿Una sierra vaivén, compañero?

ASTON: Sí. Me podría venir muy bien.

DAVIES: Si. (*Corta pausa.*) ¿Qué es eso exactamente?

(Aston *va a la ventana y mira hacia afuera.*)

ASTON: ¿Una sierra vaivén? Bueno, es de la misma familia que la sierra de marquetería. Pero es un accesorio, ¿sabe? Se la ajusta a una barrena portátil con mango.

DAVIES: ¡Ah, qué bien! Son muy prácticas.

ASTON: Por supuesto. (*Pausa.*) ¿Sabe una cosa? Yo estaba sentado en un café el otro día, justo en una mesa donde había una mujer. Bueno, comenzamos a... Bah, nos pusimos a charlar un poco. No sé, sobre una vacaciones que ella había tomado... eh... donde ella había estado. En la costa, en el sur. Ahora no recuerdo el lugar. El hecho es que estuvimos ahí sentados hablando de bueyes perdidos... y, de pronto, ella puso su mano sobre la mía y así nomás me preguntó: "¿Te gustaría que yo te mirara el cuerpo?"

DAVIES: ¡Vamos... por favor!

ASTON (*pausa*): Sí, salir con eso así, directo, en medio de una conversación... me pareció un poco raro.

DAVIES: A mí me dijeron lo mismo.

ASTON: ¿De veras?

DAVIES: ¿Mujeres? Más de una vez se acercaron a mí y me preguntaron más o menos lo mismo.

(*Pausa.*)

ASTON: ¿Cómo era su nombre?

DAVIES: Bernard Jenkins es el nombre que adopté.
ASTON: No. El otro.
DAVIES: Davies. Mac Davies.
ASTON: ¿Usted es galés?
DAVIES: ¿Eh?
ASTON: Usted... ¿es galés?

(*Pausa.*)

DAVIES: Bueno, he vivido en muchos lugares... quiero decir, que he andado mucho por ahí.
ASTON: ¿Entonces dónde nació?
DAVIES (*sombrío*): ¿A qué viene la pregunta?
ASTON: ¿Dónde nació?
DAVIES: Este... en fin... resulta un poco difícil ¿sabe?, despertar recuerdos... volver atrás con la mente... desandar... ¿Usted me entiende?... Perder un poco los recuerdos... ¿Sabe?
ASTON (*va hacia el hogar*): ¿Ve este toma? Enchúfelo aquí, si quiere. Es un pequeño calentador.
DAVIES: Muy bien, mister.
ASTON: Enchúfelo aquí.
DAVIES: Muy bien, míster. (Aston *va hacia la puerta. Ansiosamente.*) ¿Qué debo hacer?
ASTON: Conéctelo, eso es todo. Ya aparecerá la llama.
DAVIES: Le digo qué haré. No le llevaré el apunte.
ASTON: No hay problema.
DAVIES: No, yo no soy muy práctico en esto.
ASTON: Debería andar. (*Girando.*) ¡Bien!
DAVIES: Yo... le iba a preguntar una cosa, míster... ¿Qué pasa con esa cocina? Quiero decir... Usted no cree que puede perder algo de... ¿Qué piensa?
ASTON: No está conectada.
DAVIES: Bien, pero... la tengo justo encima de mi cama, ¿ve?

Tengo que tener cuidado de no abrir uno de esos picos de gas con el codo cuando me levanto. ¿Se da cuenta...?

(*Va a la parte de atrás de la cocina y la estudia.*)

ASTON: No hay por qué preocuparse.
DAVIES: Bueno... no se aflija. Lo único que haré es encargarme de vigilar las llaves cada tanto, para... ¿sabe? Para ver si están bien cerradas. Déjemelo a mí.
ASTON: No creo que ...
DAVIES (*volviendo*): Eh, míster. Solo una cosita... este... ¿No podría facilitarme un par de monedas... sólo para una taza de té, ¿sabe?
ASTON: Le di unas cuantas anoche.
DAVIES: ¡Es verdad! Sí, claro... Me había olvidado. Se me borró completamente. Gracias, míster. ¿Está seguro que no tiene inconveniente en que... me quede aquí? Porque...¿sabe? Yo no soy de esos que quieren abusar.
ASTON: No, está bien, está bien.
DAVIES: Más tarde podría llegarme hasta Wembley.
ASTON: ¡Ahá!
DAVIES: Hay un café allí, y sé que suele faltarles personal, ¿sabe? Yo estuve ahí y observé que les faltaba. Tal vez necesiten a alguien.
ASTON: ¿Sí? ¿Cuándo fue eso?
DAVIES: Bueno... este... fue... más o menos por... Sí, eso... Hace bastante tiempo. Pero, por supuesto, lo que pasa es que, en esos lugares, no pueden encontrar gente adecuada. Lo que tienen que hacer es echar a todos esos extranjeros, ¿sabe? Realmente necesitan un inglés para servir el té, eso es lo que necesitan, sin duda. Sólo es sentido común, ¿eh? Yo tengo todo pensado... eso es... lo que haré. (*Pausa.*) Sólo tendré que llegar hasta allá.

Aston: ¡Mmmm! (*Va hacia la puerta.*) Bueno, hasta luego entonces.
Davies: Está bien.
> (Aston *sale cerrando la puerta.* Davies *queda inmóvil y espera unos segundos. Luego va hasta la puerta, la abre, mira afuera, la cierra, se queda de espaldas a ella, gira rápidamente, la abre. Vuelve a mirar, retorna y cierra de nuevo. Busca las llaves en su bolsillo, prueba una; prueba otra y cierra la puerta con llave. Mira en torno del cuarto. Se dirige rápidamente a la cama de* Aston, *se agacha, saca el par de zapatos y lo estudia.*)

No son malos estos zapatos. Un poco puntiagudos.
> (*Vuelve a colocarlos debajo de la cama. Examina el lugar al lado de la cama de* Aston, *toma un jarrón, mira adentro; levanta una caja y la sacude.*)

¡Tornillos!
> (*Ve tachos de pintura al pie de la cama, va hacia allí y los estudia.*)

Pintura. ¿Qué estará por pintar?
> (*Apoya el tacho en el piso, va hacia el centro, levanta la mirada en dirección al balde del techo. Lo examina. Hace una mueca.*)

Tengo que averiguar qué hay ahí.
> (*Cruza hacia la derecha y toma un soplete.*)

¡Cuántas cosas tiene aquí!
> (*Toma el buda y lo observa.*)

Cosas raras. ¿Qué es esto?
> (*Se dirige hacia una pila de diarios.*)

¿Para qué tendrá todos estos diarios? ¡Diarios de porquería!
> (*Toca la pila de diarios y ésta se tambalea, pero él la contiene.*)

Quietitos, quietitos.

(*Sostiene la pila y empuja los papeles hasta que ocupen su lugar.*)

(*La puerta se abre. Entra* Mick, *se guarda la llave en el bolsillo y cierra la puerta despacio. Permanece en el umbral contemplando a* Davies.)

DAVIES: ¿Para qué tendrá todos estos diarios?
   (*Pasa sobre el rollo de alfombra hasta alcanzar la caja azul.*)
Aquí estaban preparadas la sábana y una almohada.
   (*Abre la caja.*)
Nada.
   (*Cierra la caja.*)
Por supuesto, por lo menos dormí, pero no hago ruidos.
   (*Mira hacia la ventana.*)
¿Qué es esto?
   (*Levanta otra caja y trata de abrirla.* Mick *entra sigilosamente.*)
Cerrada.
   (*Apoya la caja, gira y comienza a moverse bajando.*)
Debe haber algo aquí.
   (*Levanta un cajón, revuelve su contenido y luego lo baja.*)

(*Mick se desliza a través del cuarto.* Davies *da medio giro.* Mick *lo toma del brazo y se lo fuerza hacia la espalda.* Davies *grita.*)

DAVIES: ¡Ayyyyyy! ¡Ayyyyyy! ¡Qué! ¡Qué! ¡Qué! ¡Ayyyyyy!

(*Rápidamente* Mick *lo tira al suelo.* Davies *se resiste, hace muecas y se queja y mira fijo a* Mick. Mick *le retiene el brazo y con la otra mano le indica por señas que haga silencio, y acerca su mano a los labios de* Davies. Davies *se calla.* Mick *lo suelta.* Davies *se agita.* Mick *lo amenaza con el dedo, se agacha para mirar a* Davies. *Lo sigue mirando, se levanta sin sacarle la vista de encima.* Davies *se hace masajes en el brazo, sin dejar de mirar a* Mick. Mick *gira lentamente y mira el cuarto. Va a la cama de* Davies *y descorre las cobijas. Gira, va al perchero y toma el pantalon de* Davies. Davies *comienza a levantarse.* Mick *va rápidamente hacia* Davies, *con su pie lo aprieta contra el suelo y se le para encima. Al poco tiempo saca su pie, observa el pantalón y despues lo tira.* Davies *permanece en el piso, acurrucado.* Mick *va despacio hasta la silla, se sienta y mira a* Davies *como ausente. Silencio.*)

MICK: ¿Qué es lo que se propone?

TELÓN

SEGUNDO ACTO

(*Los mismos. Unos segundos más tarde.*)
(Mick *está sentado.* Davies *está acurrucado en el piso.* Silencio.)

MICK: ¿Y entonces?
DAVIES: Nada, nada... Nada.

(*Suenan gotas en el balde del techo. Levantan la vista.* Mick *vuelve a mirar a* Davies.)

MICK: ¿Cuál es su nombre?
DAVIES: No lo conozco. ¿Usted quién es?

(*Pausa.*)

MICK: ¿Eh?
DAVIES: Jenkins.
MICK: ¿Jenkins?
DAVIES: Sí.
MICK: Jen... kins. *(Pausa.)* ¿Durmió aquí anoche?
DAVIES: Sí.
MICK: ¿Durmió bien?
DAVIES: Sí.
MICK: Me alegro mucho. Gusto en conocerlo. *(Pausa.)* ¿Cómo dijo que se llamaba?
DAVIES: Jenkins.

MICK: ¿Cómo?
DAVIES: Jenkins.

(*Pausa.*)

MICK: Jen... kins. (*Suenan gotas en el balde.* Davies *levanta la vista.*) Me hace acordar a un hermano de mi tío. Siempre estaba viajando, ese hombre. Nunca se movía sin su pasaporte. ¡Se le iban los ojos detrás de las mujeres! Su figura... un poco más atlético. Especialista en salto en largo. En la Navidad tenía la costumbre de mostrar diferentes tipos de carrera en el living. Era chiflado por las nueces. Era eso, sí. Se daba el gusto. Comía cantidades impresionantes. Nueces, maníes, avellanas, de todo. Si el pan dulce tenía frutas abrillantadas no lo tocaba. ¡Qué reloj cronómetro tenía! Lo había traído de Hong Kong. Al día después de llegar lo echaron del Ejército de Salvación. Era el número cuatro en la reserva de Beckenham. Eso fue antes de ganarse la Medalla de Oro. Tenía la extraña manía de llevar su violín en la espalda. Creo que tenía algo de piel roja. Si quiere que le diga la verdad, nunca entendí cómo llegó a ser hermano de mi tío. Muchas veces pensaba que era al revés. Quiero decir: que mi tío era hermano de él, y que él era mi tío. Nunca lo pude llamar tío. En realidad lo llamaba Sid. Mi madre también lo llamaba Sid. ¡Qué curioso! Se parecía a usted como una gota de agua a la otra. Ella se casó con un chino y se fue a Jamaica. *(Pausa.)* Espero que haya dormido bien anoche...
DAVIES: Oiga... ¡Yo no sé quién es usted!
MICK: ¿En qué cama durmió?
DAVIES: Bueno, escuche...
MICK: ¿Eh?

EL CUIDADOR

DAVIES: En esa.
MICK: ¿No en la otra?
DAVIES: No.
MICK: Es delicado usted. *(Pausa.)* ¿Le gusta mi cuarto?
DAVIES: ¿Su cuarto?
MICK: Sí.
DAVIES: Este no es su cuarto. Yo no sé quién es usted. Nunca lo vi.
MICK: ¿Sabe una cosa? Aunque le parezca raro, usted se parece mucho a un tipo que conocí en Shoreditch. En realidad vivía en Aldgate. Yo estaba parando con una prima en Camden Town. Este tipo tenía un puesto en el parque Finsbury, cerca de la terminal del ómnibus. Cuando lo conocí descubrí que había sido criado en Putney. Eso a mí no me importó. Conocí a varias personas nacidas en Putney. Aunque no hubiesen nacido en Putney, nacieron en Fulham. Lo malo es que no había nacido en Putney, sino que solamente se crió en Putney. Despues me enteré que había nacido en la calle Caledonian, justo antes de llegar a Nag's Head. Pero que su anciana madre seguía viviendo en Angel. Todos los ómnibus que iban para allá pasaban por su puerta. Ella podía tomar el 38, el 581, el 30 o el 38A, que van por la calle Essex a Dalston Junction volando. Bueno, si tomaba el 30, la llevaba por la calle Upper, pasando por Highbury Corner y luego bajando por la iglesia St. Paul, pero, que también llegaba, sin embargo, al final, a Dalston Junction. Acostumbraba dejar mi bicicleta en su jardín camino al trabajo. Sí, es curioso. Era un calco suyo. Un poco más gorda la nariz, pero lo demás, igual.

(Pausa.)

¿Durmió aquí, anoche?
DAVIES: Sí.

MICK: ¿Durmió bien?
DAVIES: ¡Sí!
MICK: ¿Tuvo que levantarse por la noche?
DAVIES: ¡No!

(*Pausa.*)

MICK: ¿Cómo se llama usted?
DAVIES (*intenta levantarse*): ¡Óigame!...
MICK: ¿Cómo?
DAVIES: Jenkins.
MICK: Jen... kins.
    (Davies *hace un movimiento repentino para levantarse. Un violento rugido de* Mick *lo hace sentarse de nuevo, cayendo hacia atrás.*)(*Grita:*)
    ¿Durmió aquí anoche?
DAVIES: Sí.
MICK (*prosiguiendo con ritmo veloz*): ¿Cómo durmió?
DAVIES: Dormí...
MICK: ¿Durmió bien?
DAVIES: Escuche...
MICK: ¿En qué cama?
DAVIES: En ésa...
MICK: ¿No en la otra?
DAVIES: ¡No!
MICK: ¡Delicado! (*Pausa. Con calma.*) Delicado. (*Pausa. Complaciente.*) ¿Cómo durmió realmente en esa cama?
DAVIES (*golpeando el piso*): ¡Muy bien!
MICK: ¿No se sintió incómodo?
DAVIES (*quejándose*): ¡Me sentí muy bien!

(Mick *se pone de pie y va hacia* Davies.)

MICK: ¿Extranjero?

DAVIES: No.
MICK: ¿Nació y se crió en las Islas Británicas?
DAVIES: ¡Sí!
MICK: ¿Qué le enseñaron de chico?
 (Pausa.)
 ¿Le gustó mi cama?
 (Pausa.)
 Esa es mi cama. Tiene que tener cuidado de que no le dé una corriente de aire.
DAVIES: ¿En la cama?
MICK: No, subiéndole por el culo.
 (Davies mira preocupado a Mick, que se da vuelta. Davies se levanta, se acerca inseguro al perchero y toma sus pantalones. Mick se da vuelta rapidamente y le agarra los pantalones a Davies, quien intenta recuperarlos. Mick levanta una mano en señal de advertencia.)
 ¿Piensa establecerse aquí?
DAVIES: ¡Déme esos pantalones!
MICK: ¿Piensa quedarse aquí mucho tiempo?
DAVIES: ¡Deme esos pantalones!
MICK: ¿Por qué? ¿Adónde quiere ir?
DAVIES: Démelos que me voy. Voy a Sidcup.

 (Mick golpea varias veces la cara de Davies, con sus pantalones. Davies retrocede.)
 (Pausa.)

MICK: ¿Sabe una cosa? Mirándolo bien me acuerdo de un tipo con quien me encontré una vez, justo del otro lado del pasaje Guildford...
DAVIES: Me trajeron...

 (Pausa.)

MICK: ¿Cómo dice?
DAVIES: ¡Me trajeron aquí! ¡Me trajeron aquí!
MICK: ¿Aquí lo trajeron? ¿Quién lo trajo?
DAVIES: El hombre que vive aquí. El...

(*Pausa.*)

MICK: ¡Mentiroso!
DAVIES: Me trajo anoche... Lo conocí en un café... Yo estaba trabajando... Me despidieron... Yo estaba trabajando... Este hombre me salvó de los golpes y me trajo aquí... me trajo justamente aquí.

(*Pausa.*)

MICK: Sospecho que usted es un mentiroso de marca mayor. ¿No es cierto? Está hablando con el dueño. Este es mi cuarto. Usted está parado en mi casa.
DAVIES: Es la casa de él. Me dejó aquí y... él...
MICK (*señalando la cama de* Davies): Esa cama es mía.
DAVIES: ¿Y esta otra, entonces?
MICK: De mi madre.
DAVIES: ¡Bueno, ella no estuvo aquí anoche!
MICK (*yendo hacia él*): No se haga el gallito, ¿sabe? Y no se meta con mi anciana madre.
DAVIES: No, yo no...
MICK: No se extralimite amigo, no empiece a tomarse libertades con mi anciana madre. Un poco de respeto.
DAVIES: Yo tengo respeto... nadie tiene más respeto que yo.
MICK: Entonces deje de contarme mentiras.
DAVIES: Bueno, escúcheme, yo no lo había visto nunca a usted.
MICK: Supongo que tampoco habrá visto nunca a mi

madre. *(Pausa.)* Estoy llegando a la conclusión de que usted es un pillo, un sinvergüenza realmente.

Davies: ¡Un momento!...

Mick: Oiga, oiga. Usted apesta, ¿sabe?

Davies: No tiene ningún derecho a...

Mick: Y está contaminando el aire de este cuarto. Usted es un viejo ladrón y nadie me lo va a sacar de la cabeza. Un viejo canalla. Un salvaje. Sí, un lugar agradable como este no es para usted. Usted no tiene ningún derecho a meterse en un departamento que no está amueblado. Yo podría sacar siete libras por semana sin chistar. Mañana mismo puedo encontrar un interesado. Trescientos cincuenta al año, neto. Quiero decir que si usted dispone de esta suma, dígalo, aquí lo tiene. Si quiere que deje los muebles e implementos, podemos arreglar en cuatrocientas libras por año, o bien un importe parecido. Impuestos: noventa libras anuales. Podrá tener agua, luz y gas, por unas cincuenta. En total, como ve, ochocientos noventa, si le interesa. Diga que sí y mis abogados prepararán el contrato enseguida. Si no, tengo el camioncito ahí afuera y en cinco minutos puedo hacerlo meter preso por entrar en casa ajena, con intenciones de robo diurno, hurto, latrocinio y, encima, contaminar el aire de la casa. ¿Qué me dice? A menos que tenga mucho interés en una compra inmediata. Por supuesto que antes haré que mi hermano se lo decore.

Tengo un hermano que es el mejor decorador de la ciudad. Lo decorará para usted. Si quiere más lugar, hay otros cuatro cuartos en el rellano listos para habitar. Cuarto de baño, living, dormitorio y cuarto para los niños. Este podría ser su estudio. El hermano que mencioné está por empezar a poner todo en condiciones, sí, está por empezar. ¿Qué me contesta? Ochocientas libras por esta habitación o tres mil en efectivo por todo el piso superior. Por otra parte, si usted prefiere pagos a plazos, conozco una compañía de seguros en West Ham que estaría dispuesta en hacer de intermediaria. Sin gato encerrado. Todo legal, buenos antecedentes; veinte por ciento de interés, cincuenta por ciento como depósito, pagos al contado, pagos atrasados, bonificaciones especiales, asignaciones familiares, sistema de bonos, descuentos por buena conducta, alquiler de seis meses, control anual de los archivos, con servicio de té, venta de acciones, cláusula de ampliación de beneficios, compensación de revocación, indemnización completa por tumultos, conmoción civil, disturbios laborales, tormentas, tempestades, rayos, robos o hacienda; todo sujeto a control diario y a doble control. Por supuesto que necesitamos una declaración firmada por su médico de cabecera, asegurando que se encuentra en las debidas condiciones físicas para llevar a cabo el convenio. ¿De acuerdo? ¿Con qué banco trabaja?

(Pausa.)

¿Con qué banco trabaja?

(*Se abre la puerta. Entra* Aston. Mick *se vuelve y suelta los pantalones.* Davies *los levanta y se los pone.* Aston, *después de echar una mirada rápida a los otros dos, va hasta su cama, y pone la valija que trae encima, se sienta y se pone de nuevo a arreglar la tostadora.* Davies *se retira a su rincón.* Mick *se va a sentar en la silla.*) (*Silencio.*)

(*Se escucha un goteo en el balde. Todos suben la mirada. Silencio.*)

¿Todavía tenés la gotera?

ASTON: Sí. *(Pausa.)* Viene del techo.

MICK: ¿Del techo?

ASTON: Sí. *(Pausa.)* Tendré que ponerle alquitrán.

MICK: ¿Le vas a poner alquitrán?

ASTON: Sí.
MICK: ¿Qué?
ASTON: En las rendijas.

(*Pausa.*)

MICK: ¿Vas a poner alquitrán en las rendijas del techo?
ASTON: Sí.

(*Pausa.*)

MICK: ¿Y pensás que así no habrá más goteras?
ASTON: Sí, quedará tapado... por un tiempo.
MICK: ¡Uh!

(*Pausa.*)

DAVIES (*abruptamente*): ¿Y qué piensa hacer...?
  (*Ambos lo miran.*)
  ¿Qué piensa hacer... cuando el balde esté lleno?

(*Pausa.*)

ASTON: Vaciarlo.

(*Pausa.*)

MICK: Le contaba a mi amigo que vas a empezar a decorar los otros cuartos.
ASTON: Sí. (*Pausa. A Davies.*) Conseguí su valija.
DAVIES: ¡Oh! (*Va hacia él y la toma.*) Gracias, míster, gracias. Así que se la dieron, ¿eh? (*Cruza volviendo con la valija. Mick se levanta y se apodera de ella.*)
MICK: ¿Qué es esto?

DAVIES: ¡Démela! ¡Es mi valija!
MICK (*apartándolo*): Ya he visto esta valija antes.
DAVIES: ¡Es mi valija!
MICK (*esquivándolo*): Me resulta conocida.
DAVIES: ¿Qué quiere decir?
MICK: ¿De dónde la sacó?
ASTON (*se levanta; a los dos*): ¡Bueno, basta!
DAVIES: Es mía.
MICK: ¿Suya, esta valija?
DAVIES: Démela. Dígale que es mía.
MICK: ¿Esta valija es suya?
DAVIES: ¡Démela!
ASTON: Dásela.
MICK: ¿Que le dé qué cosa? ¿Darle qué?
DAVIES: ¡Esa podrida valija!
MICK (*poniéndola detrás de la cocina a gas*): ¿Qué valija? *(A* Davies.) ¿Qué valija?
DAVIES (*moviéndose*): Mire...
MICK (*enfrentándolo*): ¿Adónde va?
DAVIES: Voy a buscar... mi vieja...
MICK: ¡Cuidado con lo que hace, viejo! Llama a la puerta cuando no hay nadie en casa. No exagere. Se mete armando escándalo en una casa ajena y se queda con todo lo que encuentra. ¡No se pase de la raya!...

(Aston *toma la valija.*)

DAVIES: ¡Canalla! ¡Ladrón! ¡Desgraciado! ¡Déjeme agarrar mi...
ASTON: Aquí tiene. (Aston *ofrece la valija a* Davies.) (Mick *se la quita. Y se la pasa a* Aston.)
    (Mick *la toma y* Davies *quiere agarrarla.*)
    (Aston *la toma.* Mick *quiere tomarla.*)
    (Aston *se la da a* Davies. Mick *se la saca.*)

(*Pausa.*)
(Aston *se apodera de ella*. Davies *la toma*. Mick *la toma*. Davies *quier agarrarla*. Aston *la toma*.)
(*Pausa.*)
(Aston *se la da a* Mick. Mick *se la da a* Davies *quien la aprieta contra su cuerpo*.)
(*Pausa.*)
(Mick *mira a* Aston. Davies *se aparta con la valija. La deja caer*.)
(*Pausa.*)
(*Lo miran*. Davies *la levanta y va a su cama, se sienta*. Aston *va hacia su cama, se sienta y comienza a armar un cigarrillo*. Mick *permanece inmóvil*.)
(*Pausa.*)
(*Suena una gota en el balde. Todos levantan la mirada. Pausa.*)
¿Cómo le fue en Wembley?
DAVIES: No, este... no llegué. *(Pausa.)* No pude ir.

(Mick *va hasta la puerta y sale*.)

ASTON: Tuve mala suerte con la sierra vaivén. Cuando llegué ya no estaba.

(Pausa)

DAVIES: ¿Quién era ese individuo?
ASTON: Mi hermano.
DAVIES: ¿Sí? ¿Qué es? Un poco... bromista, ¿no?
ASTON: ¿Eh?
DAVIES: Sí... es un verdadero bromista.
ASTON: Sí. Tiene sentido del humor.
DAVIES: Sí... Me di cuenta.
(Pausa.)

Es un verdadero bromista, ese tipo, se nota.

(Pausa.)

ASTON: Sí, tiene la tendencia... la tendencia de ver el lado cómico de las cosas.
DAVIES: Tiene sentido del humor, ¿no?
ASTON: Sí.
DAVIES: Sí, se nota. *(Pausa.)* La primera vez que lo vi noté que tiene su propia manera de ver las cosas.
ASTON (*se levanta, va hacia el cajón del aparador, a la derecha, levanta el buda y lo coloca sobre la cocina de gas*): Se supone que tengo que refaccionar la parte superior de la casa para él.
DAVIES: ¿Qué... qué quiere decir... significa que esta casa es de él?
ASTON: Sí. Debo decorar este piso para él. Convertirlo en un departamento.
DAVIES: ¿Y él de qué se ocupa, entonces?
ASTON: Está en la industria de la construcción. Tiene un camioncito propio.
DAVIES: ¿Pero no vive aquí?
ASTON: Cuando termine el galponcito afuera... me dedicaré un poco más al departamento ¿entiende? Tal vez pueda hacer un par de cosas para eso. (*Camina hacia la ventana.*) Tengo una gran habilidad con mis manos, ¿sabe? Eso es algo que sé. No me había dado cuenta antes, pero ahora puedo hacer cualquier cosa, ¿sabe? Manualidades. Una vez que termine el galponcito... tendré un taller, ¿sabe? Yo... podría hacer algún trabajo de carpintería. Carpintería simple para comenzar. Trabajos con... buena madera.

(Pausa.)

Por supuesto que hay que hacer muchas cosas en

este lugar. Mi idea, sin embargo, es levantar una pared divisoria... en uno de los cuartos que dan al rellano. Creo que lo incluiré... y podría quedarme para mí. Usted sabe que existen los biombos... estilo oriental. Dividen las habitaciones en dos. Eso o una pared divisoria. Podría levantarla, ¿sabe?, si tuviese un taller.

(*Pausa.*)

La verdad es que me estoy decidiendo por la pared interior.

(*Pausa.*)

DAVIES: Oiga, ahora que me fijo... Esta no es mi valija.
ASTON: Oh. No.
DAVIES: No, esta no es mi valija. La mía es de otra clase completamente distinta, sabe? Ya sé lo que han hecho. Se quedaron con la mía y le dieron otra a usted que no tiene nada que ver.
ASTON: No... lo que pasó es que alguien se fue con la suya.
DAVIES (*levantándose*): ¡Es lo que estoy diciendo!
ASTON: De todos modos conseguí esta valija en otro lugar. Además, tiene adentro... algo de ropa. Un hombre me la dejó muy barata.
DAVIES (*abriendo la valija*): ¿Tiene zapatos?
  (Davies *saca dos camisas de tela a cuadros, una roja y otra verde, chillonas, se las muestra.*)
A cuadros.
ASTON: Sí.
DAVIES: Sí... bueno, conozco este tipo de camisas. Camisas como estas no sirven para el invierno. Quiero decir que sé lo que digo. No, lo que me hace falta es un tipo de camisa a rayas, buena y fuerte, con rayas verticales. Eso es lo que quiero.

(*Saca de la valija un* fumoir *de terciopelo rojo oscuro.*)
¿Y esto?
ASTON: Un fumoir.
DAVIES: ¿Un fumoir? (*Lo palpa.*) La tela no es mala. Voy a ver si me va. (*Se lo prueba.*) ¿Tiene un espejo por aquí?
ASTON: Creo que no hay.
DAVIES: Bueno, me va bastante bien. ¿Cómo lo ve?
ASTON: Queda bien.
DAVIES: No, entonces a esto no le digo que no.
(Aston *toma el enchufe y lo estudia.*)
A esto no le digo que no.

(*Pausa.*)

ASTON: Usted podría... ser el cuidador aquí, si quisiera.
DAVIES: ¿Qué?
ASTON: Usted podría... cuidar de este lugar, si quisiera... ¿sabe? La escalera y el rellano, los escalones de la entrada, estar alerta, lustrar las campanillas.
DAVIES: ¿Campanillas?
ASTON: Colocaré algunas en la entrada, de bronce.
DAVIES: ¿Cuidador, eh?
ASTON: Sí.
DAVIES: Bueno, yo... en fin... nunca hice de cuidador antes... ¿sabe?... Quiero decir... que yo nunca... lo que quiero decir es que nunca antes fui cuidador.

(*Pausa.*)

ASTON (*pausa*): ¿Entonces le gustaría?
DAVIES: Bueno, reconozco... bueno, tendría que saber... ¿comprende?

ASTON: ¿Qué clase de...?
DAVIES: Sí, que clase de... Usted me entiende.

(*Pausa.*)

ASTON: Bueno, quiero decir...
DAVIES: Quiero decir que yo tendría que... yo tendría que...
ASTON: Bueno, yo podría decirle...
DAVIES: Eso... eso... ¿sabe?... ¿Se da cuenta, no?
ASTON: Cuando llegue el momento...
DAVIES: Lo que trato de decir... es que...
ASTON: ¿Qué sería más o menos exactamente lo que usted...?
DAVIES: Mire, lo que quiero decir... A lo que voy es... quiero decir... ¿qué clase de tareas...?

(*Pausa.*)

ASTON: Bueno, está la escalera... y las campanillas...
DAVIES: ¿Pero se trataría... habría que tener una escoba, no es cierto?
ASTON: Sí, por supuesto... usted necesitaría unos cepillos.
DAVIES: Se necesitarían implementos, ¿sabe? Se necesitarían bastantes implementos.

(Aston *descuelga un guardapolvo blanco de un gancho que hay a la cabecera de su cama y lo muestra a* Davies.)

ASTON: Si quisiera podría usarlo.
DAVIES: Sí, sería bueno, ¿no es cierto?
ASTON: Lo protegería del polvo.
DAVIES (*poniéndoselo*): Sí, esto me protegería del polvo. Realmente. Muchas gracias, míster.

Aston: Sabe, lo que podríamos hacer, podríamos... yo podría fijar una campanilla... abajo, en la puerta principal, con un cartelito que diga "Cuidador". Y usted podría así responder a todos los llamados.

Davies: De eso no estoy muy seguro.

Aston: ¿Por qué?

Davies: Bueno, quiero decir, no se sabe quién puede subir los escalones de entrada, ¿sabe? Hay que tener cuidado.

Aston: ¿Por qué? ¿Lo andan siguiendo?

Davies: ¿Siguiendo? Bueno, podría ser que ese idiota escocés venga a buscarme, ¿no es cierto? Cuando escuchara la campanilla yo tendría que bajar y abrir la puerta a quien pudiese estar ahí; cualquiera podría estar ahí... Sería fácil bajarme de una trompada, amigo. También podría ser que viniesen a pedirme la libreta. Fíjese, sólo cuatro sellos en esta libreta, acá está, mire, cuatro estampillas, es todo lo que conseguí, no conseguí más, es todo lo que tengo. Tocan el timbre que dice Cuidador y es facilícimo agarrarme, así nomás. Yo no podría defenderme. Por supuesto que tengo muchas otras cartas a mi favor por ahí, pero ellos no lo saben y yo no se los puedo decir tampoco, ya que entonces descubrirían que yo ando por ahí usando un nombre falso. El que uso ahora no es el mío verdadero ¿entiende? Mi nombre real no es el que uso, ¿sabe? Es diferente. El nombre con el que se me conoce no es mi nombre real. Es inventado.

(*Silencio.*)

(*La luz disminuye hasta que la escena queda a oscuras. Luego, comienza a entrar una suave luz por la ventana. Una puerta golpea ruido de una llave en la puerta del cuarto.* Davies *entra, cierra la puerta, y activa la llave de luz, prendiendo, apagando, prendiendo, apagando.*)

DAVIES (*murmurando*): ¿Qué es esto? (*Prende y apaga.*) ¡Lo único que falta... luz de mierda! (*Prende y apaga.*) No me digas que ahora se cortó la luz.
(*Pausa.*)
¿Qué hago ahora? Se fue la puta luz. No veo nada.
(*Pausa.*)
Qué hago ahora... (*Camina, tropieza.*) Dios ¿qué es esto? ¡Que venga la luz! A ver...
(*Busca fósforos en el bolsillo, saca una caja, enciende y el fósforo se apaga. Se le cae la caja.*)
¡Ah! ¿Dónde está?
(*Se agacha y busca la caja.*)
¡Caja de porquería!
(*La caja hace ruido.*)
¿Qué pasa? ¿Quién está ahí? ¿Qué es eso?
(*Pausa. Se mueve.*)
¿Dónde está mi caja? Estaba por acá. ¿Quién está ahí? ¿Quién la mueve?
(*Silencio.*)
Vamos. ¿Quién es? ¿Quién agarró mi caja?
(*Pausa.*)
¿Quién está aquí?
(*Pausa.*)
Tengo un cuchillo. Estoy listo. Vamos, ¿quién es?
(*Se mueve, tropieza, cae y rezonga.*)
(*Silencio.*) (*Quejido apagado, se levanta.*)
Muy bien.
(*Respira con dificultad. Repentinamente se prende la aspiradora. La silueta de* Mick *se mueve con ella, conduciéndola. El tubo avanza hacia Davies, éste lo esquiva, se aleja del tubo, se cae, sin aliento.*)
¡Ah, ah, ah! ¡Fuera!

(*La aspiradora se detiene. La silueta salta a la cama de* Aston.)
¡Estoy preparado para usted! ¡Estoy... estoy aquí!

(*La silueta saca el enchufe de la aspiradora del toma de la luz y coloca la bombita. La luz se prende.* Davies *se aplasta contra la pared de la derecha, cuchillo en mano.* Mick *parado en la cama, sosteniendo el enchufe.*)

MICK: Sólo estaba haciendo un poco de limpieza en la casa. (*Baja de la cama.*) Había un toma de pared para la aspiradora, pero no funciona. Tuve que enchufarla en el portalámparas. (*Pone la aspiradora debajo de la cama de* Aston.) ¿Qué tal encuentra el cuarto ahora? La verdad que le di una buena sacudida.

(*Pausa.*)

Nos turnamos con mi hermano, una vez cada dos semanas le toca a cada uno darle una limpieza a fondo al lugar. Estuve trabajando hasta tarde esta noche, y recién llego. Pensé que mejor me ponía a hacerlo, ya que es mi turno.

(*Pausa.*)

Bueno, la verdad es que no vivo aquí, vivo en otro lado, pero después de todo soy responsable de este lugar, ¿no es cierto? No puedo evitar estar contento con esta casa.

(*Camina hacia* Davies *y señala el cuchillo.*)
¿Qué está haciendo con eso?

DAVIES: No se me acerque...

MICK: Lamento haberle dado un susto. Pero he pensado también en usted, ¿sabe?, como invitado de mi hermano. Nos interesa que esté cómodo. No queremos que se llene de polvo. Y de paso, ¿cuánto tiempo piensa quedarse aquí? ¡Ah! Ahora que me acuerdo, pensaba

que podíamos rebajarle el alquiler, transformarlo en un importe teórico, hasta que usted encuentre una solución. Sólo teórico.
(*Pausa.*)
Sin embargo, si se pone quisquilloso, tendré que reconsiderar toda mi propuesta. (*Pausa.*) ¡Eh! No pensará ejercer violencia conmigo, ¿no?... Usted no es uno de esos tipos violentos... ¿no?

DAVIES (*con vehemencia*): Yo soy un tipo tranquilo, compañero, pero si a alguien se le da por tomárselas conmigo, sabe lo que le espera.

MICK: Se lo creo.

DAVIES: Créame. Tengo mucha experiencia. ¿Entiende lo que quiero decir? No me importa una bromita de vez en cuando, pero todo el mundo puede decirle... que conmigo no se juega.

MICK: Sí, lo entiendo perfectamente.

DAVIES: Dejo que me provoquen un poco... pero hasta ahí no más...

MICK: Más no.

DAVIES: Eso es.
(Mick *se sienta sobre los trastos viejos a la derecha.*)
¿Qué hace?

MICK: Nada. Sólo quería decir que... usted me ha impresionado mucho.

DAVIES: ¿Cómo?

MICK: Que me impresionó mucho lo que usted acaba de decir.
(*Pausa.*)
Sí, es impresionante.
(*Pausa.*)
Bah, me siento muy impresionado.

DAVIES: ¿Entonces sabe qué es lo que quiero decir?

MICK: Sí, lo sé. Creo que nos entendemos.

DAVIES: Bueno... A mí me... gustaría... poder creerle. Pero me estuvo tomando el pelo, ¿sabe? Y no entiendo porqué. Yo nunca le hice daño.
MICK: ¿Sabe lo que pasa? Empezamos con el pie cambiado. Eso fue todo.
DAVIES: Sí, claro.

(Davies *va a la pila de trastos donde se encuentra* Mick.)

MICK: ¿Quiere un sandwich?
DAVIES: ¿Qué?
MICK (*saca del bolsillo un sandwich*): Tome uno.
DAVIES: No quiero más bromas.
MICK: Usted sigue sin comprenderme. No puedo evitar interesarme por los amigos de mi hermano..., porque usted es amigo de mi hermano, ¿no?
DAVIES: Yo..., bah, yo no diría eso...
MICK: ¿No le cae bien como amigo, entonces?
DAVIES: Sí, pero no puedo decir que seamos realmente amigos, quiero decir que no me hizo nada malo, pero no podría decir que somos realmente amigos. ¿Qué tiene ese sandwich?
MICK: Queso.
DAVIES: Me gusta.
MICK: Tome uno.
DAVIES: Gracias, míster.
MICK: Lamento escuchar que mi hermano no es un buen amigo.
DAVIES: No, sí, es un buen amigo... Yo no dije que no lo fuera...
MICK (*saca un salero del bolsillo*): ¿Sal?
DAVIES: No, gracias... (*Mordisquea el sandwich.*) No logro entenderlo demasiado bien.
MICK (*tocándose el bolsillo*): Olvidé la pimienta.

Davies: No consigo darme cuenta bien de cómo es...
Mick: Yo tenía un pedazo de remolacha en alguna parte. Debo haberlo puesto en otro lado...
> (*Pausa.* Davies *mastica su sandwich.* Mick *lo mira comer. Luego se levanta y baja por el escenario.*)

¡Ah!... Escuche... ¿Le puedo pedir un consejo? Quiero decir, usted es un hombre de mundo. ¿Le puedo pedir un consejo?
Davies: Hable.
Mick: Mire, ¿sabe lo que pasa?... Estoy... un poco preocupado por mi hermano.
Davies: ¿Por su hermano?
Mick: Sí... sabe, su problema es...
Davies: ¿Qué?
Mick: Bueno, no es algo lindo de decir.
Davies (*levantándose y bajando por el escenario*): Bueno, no importa, dígalo.

(Mick *observa a* Davies.)

Mick: No le gusta el trabajo.

(*Pausa.*)

Davies: ¡Vamos!
Mick: No le gusta el trabajo. Ese es su defecto.
Davies: ¿Seguro?
Mick: Me parece espantoso tener que decir eso de mi propio hermano.
Davies: Sí...
Mick: Es flojo para el trabajo. Muy flojo.
Davies: Conozco gente así.
Mick: ¿Conoce ese tipo de gente?
Davies: Sí, lo conozco...

MICK: Quiero decir, que quiero que él se abra camino en la vida.
DAVIES: Me parece razonable.
MICK: Cuando uno tiene un hermano mayor, debe empujarlo, verlo salir adelante. No puede ser que no haga nada... Sólo se perjudica él mismo. Eso es lo que digo.
DAVIES: Sí.
MICK: Pero no quiere trabajar.
DAVIES: No le gusta el trabajo.
MICK: Le da alergia.
DAVIES: Yo diría que sí.
MICK: Usted conoce gente así... ¿no?
DAVIES: ¿Yo? Conozco esa clase, sí.
MICK. Sí.
DAVIES: Conozco personas así. Que son así.
MICK: Me causa mucha ansiedad. Vea, yo soy hombre de trabajo. Soy comerciante. Tengo mi propia camioneta.
DAVIES ¿En serio?
MICK: El tendría que ayudarme un poco... Lo tengo aquí para que me haga algunas coss... Pero no sé... Estoy llegando a la conclusión de que es un perezoso.
   (Pausa.)
¿Qué consejo me daría usted?
DAVIES: Bueno... es un hombre extraño su hermano.
MICK: ¿Qué?
DAVIES: Digo que es... un poco raro... su hermano.
MICK (*lo mira fijamente*): ¿Raro? ¿Por qué?
DAVIES: Bueno... porque es raro.
MICK: ¿Qué tiene de raro?

(*Pausa.*)

DAVIES: Eso de que... no le gusta el trabajo.
MICK (*se levanta*): ¿Qué tiene de raro?

DAVIES: No, no, nada.

(*Pausa.*)

MICK: A mí no me parece que sea raro.
DAVIES: A mí tampoco.
MICK: No es cuestión de ponerse demasiado crítico.
DAVIES: No, no... Yo quería... quería decir solamente...
MICK: No hable tanto.
DAVIES: Oiga. Todo lo que yo quise decir...
MICK: ¡Basta! (*Vivamente.*) ¡Mire! Quiero hacerle una propuesta. Estoy pensando en hacerme cargo de la administración de esta casa, ¿sabe? Creo que se podría hacer con mayor eficacia. Tengo un montón de ideas, de planes. (*Mira fijo a* Davies.) ¿Le gustaría quedarse aquí, de cuidador?
DAVIES: ¿Cómo?
MICK: Voy a ser sincero. Yo podría confiar en un hombre como usted para que se quede aquí y vigile bien todo.
DAVIES: Bueno, sí... pero, espere... Yo... nunca antes cuidé casas. ¿Sabe?
MICK: No importa. Es que usted me parece un hombre capaz.
DAVIES: Sí, soy un hombre capaz... Quiero decir que en una época tuve muchos ofrecimientos de ese tipo, ¿sabe?
MICK: Bueno, yo me di cuenta perfectamente cuando empuñó ese cuchillo, que no es de los que permiten que cualquiera se meta en sus cosas.
DAVIES: Nadie juega conmigo.
MICK: Se me ocurre que usted debe haber estado en el ejército. ¿No es cierto?
DAVIES: ¿En el qué?
MICK: Que estuvo en el ejército. Se le ve por su postura.

Davies: ¡Ah, sí! Pasé allí la mitad de mi vida... Estuve en ultramar, algo así como en el ejército.
Mick: En las Colonias, ¿no?
Davies: ¡Sí! Estuve allí. Fui uno de los primeros.
Mick: Entonces, usted es justo el hombre que estoy buscando...
Davies: ¿Para qué?
Mick: Como cuidador.
Davies: Sí, bueno..., pero escuche... ¿Quién es el dueño aquí? ¿Él o usted?
Mick: Yo. Yo. Tengo los papeles para demostrarlo.
Davies: ¡Ah! (*Con decisión.*) Bueno, escuche, yo no tendría inconvenientes en hacer de cuidador, de cuidar el lugar para usted.
Mick: Por supuesto, haríamos un pequeño arreglo económico, de beneficio mutuo.
Davies: Usted decida las condiciones.
Mick: Gracias. Sólo falta una cosa.
Davies: ¿Cuál?
Mick: ¿Puede darme referencias?
Davies: ¿Eh?
Mick: Es sólo para que mi abogado no me haga problemas.
Davies: Tengo muchas referencias. Todo lo que tengo que hacer es ir a Sidcup mañana. Todas mis referencias están allí.
Mick: ¿Dónde dijo?
Davies: Sidcup. Él no sólo tiene mis referencias allí, sino todos mis papeles. Conozco el lugar como la palma de mi mano. Voy a ir allí, ¿comprende?, quiero decir que tengo que ir allí o estoy jodido.
Mick: Así que en cualquier momento que necesitemos las referencias las podemos conseguir.
Davies: Mire, voy a ir cualquier día de estos. Iba a ir allí

hoy, pero... estoy esperando que el tiempo se despeje.
MICK: ¡Ah!
DAVIES: Oiga... ¿Usted no podría conseguirme un buen par de zapatos? Me hacen muchísima falta. No puedo ir a ningún lado sin unos buenos zapatos, ¿comprende? ¿Cree que hay alguna posibilidad de que usted me los consiga?

(*La luz comienza a extinguirse. Oscuridad*).
(*Se prende la luz. Es de mañana.*)
(Aston *se pone los pantalones sobre sus calzoncillos largos. Hace una pequeña mueca. Mira en derredor al cabezal de su cama, toma una toalla de la baranda y la sacude. La baja, va hacia* Davies *y lo despierta.* Davies *se levanta abruptamente.*)

ASTON: Dijo que quería que yo lo despertara.
DAVIES: ¿Para qué?
ASTON: Me dijo que pensaba ir a Sidcup.
DAVIES: ¡Ah!, sería bueno si yo pudiera ir.
ASTON: El tiempo no parece demasiado bueno.
DAVIES: Entonces no hay nada que hacer.
ASTON: Yo...yo... otra vez no pasé una buena noche.
DAVIES: La mía fue terrible.
ASTON (*después de una pausa*): Usted estuvo haciendo...
DAVIES: Terrible. Llovió un poco anoche, ¿no?
ASTON: Sólo un poco.

(*Va hacia su cama. Toma una tablita y un trozo de papel de lija y comienza a lijarla.*)

DAVIES: Eso pensé. Me llegaba a la cabeza. (*Pausa.*) La corriente de aire me daba justo en la cabeza. (*Pausa.*) ¿No se puede cerrar la ventana detrás de la arpillera?

ASTON: Se puede, sí.
DAVIES: Entonces... ¿qué pasa? La lluvia me pega justo en la cabeza.
ASTON: Hace falta un poco de aire.

(Davies *sale de la cama. Tiene puestos los pantalones, chaleco y camiseta.*)

DAVIES (*poniendose las sandalias*): Pasé toda mi vida al aire libre. No necesita explicármelo. Lo que digo es que entra demasiado aire por esa ventana cuando estoy durmiendo.
ASTON: Uno se ahoga aquí dentro si la ventana está cerrada.

(Aston *cruza a la silla, pone encima la tablita y comienza a trabajar con el papel de lija.*)

DAVIES: Sí, pero escuche. Usted no entiende lo que yo digo. Esa bendita lluvia, ¿sabe?, me cae justo en la cabeza. No me deja dormir. Es posible que me pesque un resfrío mortal por causa de esa corriente. Eso es lo que quiero decir. Si usted cierra esa ventana nadie se va a resfriar... Es todo lo que quiero decir.

(*Pausa.*)

ASTON: Sin esa ventana abierta, yo no podría dormir.
DAVIES: Sí, pero estoy yo también. ¿Qué... qué opina de lo que yo pienso?
ASTON: ¿Por qué no se cambia de lado?
DAVIES: ¿Qué quiere decir?
ASTON: Que ponga los pies debajo de la ventana.
DAVIES: ¿Qué ganaría con eso?
ASTON: No se le mojaría la cabeza.

DAVIES: No, no es posible. No es posible. (*Pausa.*) Quiero decir que me acostumbré a dormir así, de esta manera. No soy yo quien debe cambiar, sino la ventana. ¿Ve? Está lloviendo. Mire, está lloviendo fuerte, ahora.

(*Pausa.*)

ASTON: Me parece que voy a caminar hasta la calle Goldhawk. Hablé con un hombre ahí. Tiene un banco para serruchar. Me pareció que estaba en buen estado. Creo que a él mucho no le sirve.
(*Pausa.*)
Sí, creo que voy a ir hasta allá.
DAVIES: Escuche eso. Ya veo que no podré viajar a Sidcup. Eh, ¿qué piensa en cuanto a cerrar esa ventana ahora? Va a entrar por ahí.
ASTON: Ciérrela por ahora.

(Davies *cierra la ventana y mira hacia afuera.*)

DAVIES: ¿Qué es lo que hay ahí debajo de ese hule?
ASTON: Madera.
DAVIES: ¿Para qué?
ASTON: Para construir mi galponcito.
DAVIES (*se sienta sobre su cama*): No me trajo todavía el par de zapatos que me iba a conseguir, no lo hizo, ¿no?
ASTON: ¡Ah! No. Voy a ver si consigo un par hoy mismo.
DAVIES: No puedo salir con éstos, ¿ve? Ni siquiera puedo salir a tomar una taza de té.
ASTON: Hay un café acá cerca.
DAVIES: Sí, es posible, compañero. Podría ser.

(*Durante el parlamento siguiente, las luces comienzan a apagarse en forma gradual. Al final de su discurso sólo se ve claramente a* Aston. *Tanto* Davies *como los objetos varios están en la sombra. La disminución de la luz debe ser gradual, tan prolongado como imperceptible posible.*)

Aston: Yo iba mucho ahí. Hace años. Pero dejé de ir. Me gustaba ese lugar. Pasaba mucho tiempo allí. Fue antes de irme. Justo antes. Creo que... ese lugar tuvo mucho que ver. Todos eran... bastante mayores que yo. Pero siempre me escuchaban. Pensé que... entendían lo que decía. Quiero decir que me acostumbré a hablarles. Hablé demasiado. Ese fue mi error. Igual que en la fábrica. Parado, o en los descansos, acostumbraba a... hablar sobre cosas, y ellos me escuchaban... Y siempre que yo... tenía algo que decirles me escuchaban. Estaba bien. Lo malo es que yo sufría un tipo de alucinaciones. No eran alucinaciones, sino que... tenía la sensación de que podía ver cosas... muy claramente... todo... era tan claro... todo era... todo generalmente se volvía tan calmo... todo se volvía tan calmo... tan calmo... todo esto... calmo... y esta clara visión... era... pero quizás yo estaba equivocado. Sea como sea, alguien tuvo que haber dicho algo. Yo no supe nada de eso. Y... algún tipo de mentira debió circular. Dio vueltas y vueltas. Noté que la gente se ponía rara. En ese café. En la fábrica. Y yo no podía entenderlo. Entonces un día me llevaron a un hospital, lejos, en las afueras de Londres. Ellos... me llevaron allí. Yo no quería ir. De todas maneras... intenté escapar, bastantes veces. Pero... no era muy fácil. Me preguntaban cosas allí. Me encaraban y me hacían todo tipo de preguntas. Bueno, yo les dije... cuando querían saber... qué es lo que pensaba, mmnn. De pronto un día... este hombre... doctor, creo que era... el principal... un hombre muy... distinguido... A pesar de que yo no

estaba tan seguro de que lo era. Me hizo entrar. Dijo... me comunicó que yo tenía algo. Dijo que los exámenes habían terminado. Eso dijo. Y me mostró una pila de papeles, y dijo que yo tenía algo, alguna dificultad. Dijo... justo dijo eso, ¿sabe? Usted sufre... de esa cosa. Esa es su dificultad. Y hemos decidido, dijo, que para su propio bien sólo hay una cosa por hacer... dijo, pero no puedo recordar bien cómo él... se expresó... vamos a hacer, dijo, algo en su cerebro. Y explicó que... si no se hacía, yo tendría que quedarme ahí dentro toda la vida, y en cambio, haciéndolo, había una esperanza. Podría salir, me dijo, y vivir como los demás. ¿Qué es lo que quieren hacerme en el cerebro?, le pregunté. Pero no hizo más que repetir lo que ya me había dicho. Bueno, yo no era tonto. Sabía que era menor. Sabía que no podían hacerme nada sin tener un permiso. Yo sabía que él debía tener la autorización de mi madre. Entonces le escribí a ella y le dije lo que estaban tratando de hacer conmigo. Pero ella firmó el formulario, ¿sabe?, dándoles permiso. Eso me consta porque él me mostró su firma, cuando lo enfrenté. Bueno, esa noche intenté escapar, esa noche. Pasé cinco horas serruchando uno de los barrotes de la ventana de ese servicio. Mientras estaba oscuro.
Cada media hora alumbraban las camas con la linterna. Entonces yo calculé todo. Y cuando estaba casi por terminar, un hombre, que estaba a mi lado... sufrió un ataque, justo al lado. De todos modos me agarraron. Mas o menos una semana después vinieron a verme y me hicieron eso en el cerebro. Los que estábamos en aquel pabellón teníamos todos que pasar por lo mismo. Uno por vez. Uno por noche. Yo fui de los últimos. Pude observar bien lo que hacían a los otros. Venían con esas... yo no sé qué eran... parecían tenazas gran-

des con alambres que iban a una maquinita eléctrica. Hacían agachar a la persona y ese jefe... médico jefe, le aplicaba las pinzas, algo como auriculares, solía colocarlas a los costados de la cabeza. Un hombre sujetaba la máquina, ¿sabe?, y él... la encendía, y el jefe apretaba las pinzas a los lados de la cabeza y las mantenía ahí. Después las sacaba. Tapaban al hombre... y no lo tocaban hasta un rato después. Algunos se resistían mucho, pero la mayoría no. Quedaban inmóviles. Bueno, cuando se me acercaron la noche que vinieron por mí, yo me levanté y me apreté contra la pared. Me dijeron que me pusiera sobre la cama, y yo sabía que tenían que acostarme, porque si me lo hacían estando parado, podrían quebrarme la columna.

Entonces me paré, y uno o dos de ellos vinieron y me agarraron, bueno, yo era más joven y mucho más fuerte que ahora. Era bastante mas fuerte, tiré a uno al suelo y al otro lo agarré del cuello. Entonces, de repente, el jefe puso las pinzas en mi cabeza, pero yo sabía que él no debía hacerlo mientras yo estuviera parado, por lo que yo... de todos modos lo hizo. Así pude salir. Pude salir de aquel lugar... pero no caminaba muy bien. No creo que hayan dañado mi columna. Eso estaba perfectamente bien. El problema era... que... mis pensamientos... funcionaban muy despacio... no podía... coordinar... mis pensamientos... uuuuuh... nunca lograba... tener ideas claras. ¡Ah! Yo no podía... coordinar bien. El problema era que no podía oír lo que me decía la gente. No podía mirar a derecha ni a izquierda; tenía que mirar sólo hacia adelante, porque si giraba la cabeza... no podía mantenerme... parado. Sufría dolores de cabeza... Pasaba el tiempo sentado en mi habitación. Vivía con mi madre. Y mi hermano. Él era más joven que yo. Y ordené en mi habitación todas las cosas que sabía que eran mías, pero no me morí. La cuestión es que debería haber estado muerto. Tendría que haber muerto. Bueno, de todas maneras ahora me siento mucho mejor. Pero ahora no hablo con nadie. Me alejo de lugares como aquel café. Nunca más voy ahí ahora. No hablo con nadie... así de sencillo. Muchas veces pensé en volver allí y encontrar al hombre que me hizo eso. Pero antes quiero hacer otra cosa. Quiero construir ese galponcito en el jardín.

TELÓN

TERCER ACTO

(*Dos semanas después.* Mick *está tirado en el suelo a la izquierda abajo, con la cabeza apoyada en el rollo de alfombra, contemplando el techo.* Davies *está sentado en la silla, sosteniendo su pipa. Lleva puesto el* fumoir. *Es de tarde. Silencio.*)

DAVIES: Tengo la sensación de que hizo algo con las rendijas.
(*Pausa.*)
¿Vio? La semana pasada llovió mucho, pero no goteó en el balde.
(*Pausa.*)
Debe haberlas tapado con alquitrán.
(*Pausa.*)
Había alguien caminando por el techo la otra noche. Debe haber sido él.
(*Pausa.*)
Tengo la sensación de que tapó las rendijas con alquitrán, pero no me dijo una palabra. No me dijo una palabra.
(*Pausa.*)
No contesta cuando le hablo.
(*Enciende un fósforo, prende la pipa y luego lo sopla.*)
¡No me quiere dar un cuchillo!
(*Pausa.*)
No me quiere dar un cuchillo para cortar mi pan.

(*Pausa.*)
¿Cómo puedo cortar el pan sin cuchillo?
(*Pausa.*)
Es imposible.

(*Pausa.*)

MICK: Usted tiene un cuchillo.
DAVIES: ¿Qué?
MICK: Usted tiene un cuchillo.
DAVIES: ¡Claro que tengo un cuchillo! ¿Pero cómo pretende que corte pan con eso? No es un cuchillo de pan. No tiene nada que ver con un cuchillo de pan. Lo encontré por ahí, ¿sabe? No sé de dónde salió. No, lo que quiero...
MICK: Yo sé lo que quiere.

(*Pausa. Davies se levanta y va hasta la cocina a gas.*)

DAVIES: ¿Y qué pasa con esa cocina de gas? Me dice que no está conectada. ¿Cómo sé yo que no está conectada? Aquí estoy, durmiendo justo al lado. Cuando me despierto en mitad de la noche miro directo al horno. Está justo al lado de mi cara, ¿cómo puedo saber?... ¡estando yo acostado ahí, en la cama, podría explotar; me podría lastimar!...
(*Pausa.*)
Pero parece que a él no le importa lo que yo digo. El otro día le hablé, ¿sabe?, le dije de esos negros, de que esos negros salen de la puerta de al lado y usan el baño. Se lo dije. Estaba todo sucio. Todos los herrajes estaban sucios, estaban negros, todo el baño estaba negro. ¿Y qué hizo él? Se supone que él está a cargo de eso..., pero no dijo nada, ni una palabra.

(*Pausa.*)
Hace unas semanas... sentado ahí, me habló un rato largo... Me contó muchas cosas, hace unas semanas. Me habló largo y tendido. Desde entonces casi no me dirige la palabra. Pero hablaba y hablaba..., no me miraba, no me estaba hablando a mí, no se interesaba por mí. ¡Hablaba consigo mismo! Es lo único que le importa. Quiero decir que usted... usted viene y me pide consejo. Pero él nunca lo haría. Quiero decir que no tenemos ningún diálogo, ¿entiende? No se puede vivir en el mismo cuarto con una persona que... que no conversa con uno.
(*Pausa.*)
No entiendo qué se propone.
(*Pausa.*)
Usted y yo podríamos hacer andar muy bien este lugar.
MICK (*cavilando*): Sí, tiene razón. Mire lo que haría.
(*Pausa.*)
Podría convertir todo esto en un piso de departamento. Por ejemplo... esta habitación. Este lugar se podría usar como cocina. Es del tamaño justo... una buena ventana por la que entra el sol. Pondría lajas en el piso de linóleo azul, cobre y pergamino. Los colores se repetirían en las paredes. Mejoraría los muebles de la cocina con herrajes de color gris-carbón. Mucho sitio para armarios en donde guardar la loza. Tendríamos uno pequeño de pared, otro grande de pared, y un rinconero con estantes giratorios. Por falta de armarios no se va a quejar. Podría poner el comedor enfrente. Sí, cortinas de enrollar, cortinas de enrollar en las ventanas, piso de corcho, techo de corcho. Podría tener una alfombra peluda de color hueso, una mesa de madera enchapada en teca afromosia, aparador con cajones negro mate, sillas curvas con asientos tapizados, sillo-

nes forrados de color crema, banquetas con asientos de tela tejida con hierba de mar, mesita de café con tapa blanca refractaria al calor, todo rodeado por mosaicos blancos. Sí. Y mas allá el dormitorio. ¿Qué es un dormitorio? Un lugar tranquilo, donde reposar y gozar de paz. Se requiere entonces un decorado sereno. Iluminación funcional. Muebles caoba y palo de rosa. Alfombra celeste intenso, cortinas mate blancas y azules, cubrecama con diseño de pequeñas rosas azules sobre fondo blanco, mesita tocador con tapa rebatible que contenga una bandeja de plástico, lámpara de mesa de rafia blanca... (Mick *se levanta*.) No sería un departamento... sería un palacio.

DAVIES: Por supuesto que sí, hombre.
MICK: Un palacio.
DAVIES: ¿Quién viviría en él?
MICK: Yo. Mi hermano y yo.

(*Pausa*.)

DAVIES: ¿Y yo... qué?
MICK (*sereno*.) Toda esta basura no le sirve a nadie. Es un montón de chatarra. Porquerías. Con estas cosas no se hace una vivienda. No habría forma de ponerlas. Pura porquería. Él no podría venderlas tampoco; no conseguiría nada.
   (*Pausa*.)
Basura.
   (*Pausa*.)
Pero parece que a él no le interesa lo que yo pienso, ese es el problema.. ¿Por qué no habla usted con él, y averigua si está interesado?
DAVIES: ¿Yo?
MICK: Sí. Usted es amigo de él.

DAVIES: No es amigo mío.
MICK: Usted vive en el mismo cuarto con él. ¿No es cierto?
DAVIES: No es amigo mío. Con él nunca se sabe; en cambio, con un tipo como usted, uno sabe donde está.
 (Mick *lo mira.*)
 Bueno, usted tiene su modo de ser. Cualquiera puede ver que usted tiene su modo de ser. Es posible que usted haga cosas raras, pero con todo el mundo pasa lo mismo; con él es distinto, ¿vió? Quiero decir que, por lo menos, con usted... con usted las cosas son...
MICK: Derechas.
DAVIES: Sí. Usted es un hombre recto.
MICK: Sí.
DAVIES: ¡Pero con él la mayoría de las veces uno no se sabe a qué atenerse!
MICK: ¡Ahá!
DAVIES: No tiene sentimientos.
 (Pausa.)
 ¿Ve? Lo que a mí me hace falta es un reloj, un reloj para saber la hora. ¿Cómo se puede saber la hora sin reloj? ¡Yo no lo consigo! Escuche, le dije..., le dije. ¿Por qué no me consigue un reloj para saber la hora? Quiero decir. El que no sabe qué hora es, no sabe dónde está, ¿entiende lo que quiero decir? Mire lo que tengo que hacer cuando estoy caminando por la calle, tengo que mirar algún reloj, y meterme bien la hora en la cabeza para cuando vuelvo. Pero no sirve porque no pasan cinco minutos, acá dentro, que ya me olvidé. ¡Me olvido la hora que es!
 (Davies *camina de un lugar a otro.*)
 Mírelo así. Si yo no me siento bien y me recuesto un poco, ¡cuando me despierto no sé qué hora es para ir a tomar un té!... ¿Se da cuenta? No es tan terrible cuando regreso. Puedo ver el reloj de la esquina en el mo-

mento en que estoy entrando a la casa y sé qué hora es, pero cuando estoy aquí dentro... ¡cuando estoy aquí dentro es cuando no tengo la menor idea de la hora que es!

(*Pausa.*)

No, lo que necesito aquí, en esta habitación, es un reloj; entonces las cosas estarían mejor. Pero no quiere dármelo.

(Davies *se sienta en la silla.*)

¡Me despierta! ¡Me despierta en mitad de la noche! ¡Me dice que hago ruidos! Yo le digo a usted que estoy casi decidido a darle una trompada un día de estos.

MICK: ¿No lo deja dormir?

DAVIES: No me deja. No me deja dormir. Me despierta.

MICK: Eso es terrible.

DAVIES: Estuve en muchos lugares. Siempre me dejaron dormir. Es lo mismo en todo el mundo. Salvo aquí

MICK: Dormir es indispensable. Yo siempre lo dije.

DAVIES: Tiene razón, es indispensable. Cuando me levanto, a la mañana, estoy molido. Tengo asuntos que atender. Tengo que moverme. Tengo que estar lúcido. Tengo que estar bien. Pero así, cuando me despierto a la mañana, no me queda energía. Y encima de todo no tengo reloj.

MICK: Sí.

DAVIES (*parado, moviéndose*): Se va. Yo no sé adónde ni qué hace. Nunca me lo cuenta. Antes charlábamos un poco. Ahora ya no. No lo veo nunca. Sale. Vuelve tarde. De repente me zamarrea en medio de la noche.

(*Pausa.*)

¡Oiga! ¡Yo me despierto a la mañana... me despierto a la mañana y veo que me mira y sonríe! ¡Está ahí parado mirándome y sonriendo! Yo lo veo, ¿sabe?, lo veo a través de la frazada. Se pone el sobretodo, se da vuelta, me observa, mira hacia mi cama ¡y hay una sonrisa en

su cara! ¿Por qué diablos sonríe? Lo que no sabe es que yo lo estoy mirando a través de la frazada. ¡No lo sabe! No sabe que lo puedo ver, me cree dormido, pero yo no le saco la vista de encima en ningún momento, a través de esa frazada, ¿sabe? ¡Pero él no se da cuenta! Solo me mira y sonríe, sin saber que yo lo veo.
(Pausa. Se agacha cerca de Mick.*)*
No. Lo que se debe hacer, ¿sabe?, es hablarle, hay que hablarle. Yo ya... lo pensé muy bien. Hay que decirle... que ya tenemos claro qué hacer con este lugar, cómo podríamos arreglarlo, y que estamos en condiciones de empezar. ¿Sabe una cosa? Yo podría decorárselo. Entre nosotros... yo podría darle una mano.
(Pausa.)
¿Dónde vive usted ahora?
MICK: ¿Yo? Tengo un cuartito. No está mal. Tiene de todo. Quiero que venga alguna vez a tomar una copa conmigo. A escuchar algo de Tchaikovsky.
DAVIES: No, vea. Usted es la persona que tiene que hablar con él. Quiero decir, usted es el hermano.

(Pausa.)

MICK: Sí... puede que lo haga...

(Se oye un portazo. Mick *se levanta y va a la puerta y sale.)*

DAVIES *(se levanta)*: ¿Adónde va? ¡Es él!

(Silencio. Davies *queda de pie, va a la ventana y mira hacia afuera. Entra* Aston. *Trae una bolsa de papel. Se saca el sobretodo, abre la bolsa y saca un par de zapatos.)*

ASTON: Un par de zapatos.
DAVIES (dándose vuelta): ¿Qué?
ASTON: Yo los conseguí. Pruébeselos.
DAVIES: ¿Zapatos? ¿De qué tipo?
ASTON: Podrían irle bien.

(Davies *baja a proscenio, se quita las sandalias y se prueba los zapatos. Camina. Mueve los pies, se inclina y presiona el cuero.*)

DAVIES: No, no me sirven.
ASTON: ¿No?
DAVIES: No me quedan bien.
ASTON: ¡Mmm!
DAVIES *(pausa)*: Bueno, sin embargo, podrían servir... hasta que consiga otro par.
(Pausa.)
¿Y los cordones?
ASTON: No hay cordones.
DAVIES: No puedo usarlos sin cordones.
ASTON: Sólo conseguí los zapatos.
DAVIES: Bueno, entonces ya está, ¿no? Quiero decir que estos zapatos no se pueden sostener sin un par de cordones. La única manera de mantener puesto un par de zapatos, si no tienen cordones, es contraer el pie, ¿no? Habría que caminar con el pie contraído, ¿ve? Pero no es bueno para el pie. Es demasiado esfuerzo para el pie. Si usted consiguiera los zapatos adecuados, no habría que hacer tanto esfuerzo.
ASTON (*camina alrededor del cabezal de su cama*): Puede ser que tenga algunos por ahí...
DAVIES: ¿Interpreta mi idea?

(Pausa.)

Aston: Encontré. *(Se los da a Davies.)*
Davies: Estos son marrones.
Aston: No tengo otros.
Davies: Los zapatos son negros.
(Aston *no contesta.)*
De todas maneras podrán servir hasta que tenga otro par. *(Sentado en la silla, le pone los cordones a los zapa-tos.)* Quizás con estos pueda llegar a Sidcup mañana. Si llego allí, podré arreglar mis cosas. *(Pausa.)* Me ofrecieron un buen empleo. Me lo ofreció un hombre, uno que... tiene un montón de ideas. Un hombre de gran porvenir. Pero ellos quieren mis papeles, ¿sabe?, quieren mis referencias. Tendría que ir a Sidcup para buscarlos. Están allí, ¿sabe? Pero el problema es llegar. Ese es mi problema. El tiempo está decididamente en contra.
(Aston *sale silenciosamente, sin que* Davies *lo advierta.)*
No sé si estos zapatos me servirán. El camino es malo. Ya estuve allí antes. Es como caminar al revés. La última vez que fui... la última vez hace bastante tiempo... el camino estaba terrible. Llovía. Fue una suerte que no me muriese en ese camino, pero conseguí llegar aquí... marchando sin parar... sí... sin parar. De todos modos no puedo ir así. Tengo que volver allí y encontrar a ese hombre...
(Gira y busca con la mirada.)
¡Dios! Ese cretino ni siquiera me escuchaba.

(Apagón. Una tenue luz pasa a traves de la ventana. Es de noche. Aston *y* Davies *están en sus camas,* Davies *quejándose.* Aston *se sienta, sale de la cama, prende la luz, va hacia* Davies *y lo sacude.)*

ASTON: ¡Eh! ¡Párela! ¿Quiere? ¡No me deja dormir!
DAVIES: ¿Qué? ¿Qué? ¿Qué pasa?
ASTON: Está haciendo ruidos.
DAVIES: Soy un viejo. ¿Qué pretende? ¿Que deje de respirar?
ASTON: Está haciendo ruidos.
DAVIES: ¿Qué espera que haga? ¿Dejar de respirar?
ASTON (*va hasta su cama y se pone los pantalones*): Voy a tomar un poco de aire.
DAVIES: ¿Pero qué es lo que pretende? ¿Sabe una cosa, compañero? No me extraña que lo hayan encerrado. ¡Despertar a un anciano en mitad de la noche! ¡Usted debe estar mal de la cabeza! Me ocasiona pesadillas, ¿quién es entonces responsable de que tenga pesadillas? Si no me hiciera la vida imposible yo no haría ruidos. ¿Cómo quiere que duerma tranquilo si no hace más que molestarme continuamente? ¿Eso es lo que pretende? ¿Que deje de respirar?
(*Retira la frazada, y sale de la cama, llevando pues- tos el chaleco, el saco y los pantalones.*)
Hace un frío tan espantoso aquí que tengo que dejarme los pantalones puestos cuando me acuesto. Nunca en mi vida tuve que hacerlo. Pero eso es lo que tengo que hacer acá. Sólo porque usted no quiere poner la podrida calefacción.¡Ya estoy harto de que me moleste! A mí, en la vida, me fue mucho mejor que a usted, ¿sabe?, porque a mí nunca nadie me encerró en uno de esos lugares. ¡Soy un hombre cuerdo! Así que no me moleste más. Mientras usted guarde su lugar, yo estaré bien. Sólo tiene que guardar su lugar. Puedo decirle que su hermano no lo pierde de vista. Sabe todo de usted. Él es mi amigo, no se preocupe. En él tengo un verdadero compañero. ¡Usted me trata como basura! Después de todo, ¿por qué me invitó a venir si iba a tratarme de este modo? Si usted cree que es

mejor que yo, se equivoca. Yo sé lo que digo. Si una vez estuvo encerrado en uno de esos lugares, pueden volver a encerrarlo. ¡Su hermano no le pierde pisada! Y podría ser que le vuelvan a poner las pinzas en la cabeza, ¿sabe? Se las pueden poner otra vez. En cualquier momento. Basta con que se enteren. Lo llevarían nuevamente, nene. Vendrían aquí a buscarlo y lo encerrarían. ¡Y lo pondrían a raya! Le pondrían esas pinzas en la cabeza, ¡y lo tendrían a raya! Con sólo mirar... este cuarto, con tanta porquería con la que tengo que dormir, sabrían que usted está chiflado. Créame. El mayor error que cometieron fue dejarlo salir de ese lugar. Nadie sabe qué es lo que usted hace; sale, vuelve, y nadie sabe lo que tiene en mente. Bueno, a la larga a mí nadie me jode. ¿Usted cree que yo le voy a hacer el trabajo sucio? ¡Jaaa! Piénselo bien. ¿Usted quiere que le limpie la roña que tiene de arriba abajo en esa escalera... para permitirme dormir en este sucio y podrido agujero cada noche? Yo no, amigo, no para usted. La mayoría de las veces usted no sabe lo que está haciendo. No tiene conciencia. Está en las nubes. Se le nota. ¿Alguna vez usted me tiró algunas monedas? ¡Tratarme como si fuese una bestia inmunda! ¡Yo nunca estuve en un manicomio!

(Aston *se mueve ligeramente hacia* Davies. *Éste extrae su cuchillo del bolsillo trasero.*)

¡No se atreva a acercarse, compañero! Tengo esto. Lo usé. Lo usé. No se meta conmigo.

(*Pausa*. Aston y Davies *se contemplan fijamente.*)
Cuidado con lo que hace.

(*Pausa.*)
No trate de hacerme nada.

(*Pausa.*)

Aston: Yo... yo... creo que sería hora de que usted se busque otro lugar. Me parece que no nos entendemos.
Davies: ¿Buscar otro lugar?
Aston: Sí.
Davies: ¿Yo? ¿Usted me dice eso a mí? Yo no, amigo. ¡Usted!
Aston: ¿Qué?
Davies: ¡Usted! Es usted quien debe buscarse otro lugar.
Aston: Yo vivo aquí. Usted, no.
Davies: ¿Que no? Bueno, yo vivo aquí. Me ofrecieron trabajo aquí.
Aston: Sí. Bueno...Realmente creo que usted no es la persona adecuada.
Davies: ¿No adecuada?, ¿eh? Le diré que hay alguien que me considera adecuado. Y le diré más. Me quedo aquí como cuidador. Métaselo en la cabeza. Su hermano me dijo, ¿sabe? Me dijo que el puesto es mío. ¡Mío! Eso es lo que voy a ser. Seré su cuidador.
Aston: ¿Mi hermano?
Davies: Él se queda. Será el encargado de este lugar, y yo me quedo con él.
Aston: Oiga. Si le doy a usted... unos pesos, usted podrá llegar a Sidcup.
Davies: Deberá construir el galponcito primero. ¡Unos pesos! ¡No, yo puedo ganarme aquí un sueldo estable! Construya primero su apestoso galponcito. Eso.
Aston (*mira fijamente a* Davies): No es un galponcito apestoso.
   (*Silencio.* Aston *va hacia* Davies.)
Es limpio. Es toda madera buena. Lo construiré yo. No hay problema.
Davies: ¡No se me acerque demasiado!
Aston: No tiene motivos para llamar apestoso al galponcito.
   (Davies *amenaza con el cuchillo.*)

El que apesta es usted.
DAVIES: ¿Qué?
ASTON: Hasta el olor de este lugar cambió.
DAVIES: ¡Dios! ¡Decir de mí semejante cosa!
ASTON: Desde hace días. Ese es uno de los motivos por los que no puedo dormir.
DAVIES: ¡Usted me dice eso! ¡Me llama apestoso!
ASTON: Es mejor que se vaya.
DAVIES: ¡Yo le daré apestar!
(*Extiende el brazo temblando y apunta con el cuchillo hacia el vientre de* Aston. *Éste no se inmuta. Silencio. El brazo de* Davies *permanece quieto.*)
¡Yo le daré apestar!...

(*Pausa.*)

ASTON: Agarre sus cosas.

(Davies *apunta con el cuchillo al pecho de* Aston, *respirando con dificultad.* Aston *se acerca a la cama de* Davies, *toma su valija y pone algunas pocas cosas de él adentro.*)

DAVIES: Usted no tiene... no tiene derecho... Deje eso. ¡Es mío!
(*Le arrebata la valija a* Aston *y presiona su contenido hacia el fondo.*)
Muy bien... me ofrecieron un puesto aquí... Va a ver...
(*Se pone su* fumoir.)
Espere... Su hermano... Lo va a poner en vereda... Usted me insultó... usted me insultó... Nunca nadie me dijo eso...
(*Se pone el sobretodo.*)
Usted se arrepentirá de haberme insultado... Esto no va a quedar así.
(*Toma la valija y va hacia la puerta.*)

Se arrepentirá de haberme insultado así...
(*Abre la puerta bajo la mirada de* Aston.)
Ahora sé en quién puedo confiar.

(Davies *sale.* Aston *queda de pie. Apagón. Sube la luz. Atardecer. Se escuchan voces en la escalera. Entran* Mick *y* Davies.)

DAVIES: ¡Que apesto! ¿Se da cuenta? ¡Yo! Le estoy diciendo lo que él me dijo, ¿no es cierto? ¡Que apesto! ¿Escuchó? Eso es lo que él me dijo.
MICK: ¡Tch, tch, tch!
DAVIES: Eso es lo que me dijo.
MICK: Usted no apesta.
DAVIES: No, señor.
MICK: Si apestase, yo sería el primero en decírselo.
DAVIES: Yo le dije, le dije... ¡Le dije a él que las cosas no iban a quedar así, amigo! Le dije que no se olvidara de su hermano. Le dije que usted vendría y le ajustaría las cuentas. Él no se imagina lo que provocó con su actitud. Hacerme eso a mí. Se lo dije, le dije que su hermano vendría, que estaría aquí; y que usted tiene sentido común, no como él.
MICK: ¿Qué quiere decir?
DAVIES: ¿Eh?
MICK: ¿Qué quiere decir, que mi hermano está mal de la cabeza?
DAVIES: ¿Qué? No, lo que digo es que usted tiene ideas para arreglar la casa... todo esto... toda esta decoración, ¿ve? Quiero decir que él no tiene derecho a darme órdenes. Yo acepto órdenes de usted, tengo el puesto de cuidador gracias a usted... es decir que se preocupa por mí... no me trata como una mierda... Nosotros sí... nosotros sí... podemos ver lo que es él.

(*Pausa.*)

MICK: ¿Qué dijo él cuando usted le contó que yo le había ofrecido el puesto de cuidador?
DAVIES: Él... él dijo... dijo más o menos que... como que él vivía aquí.
MICK: Sí, bueno. Tiene su razón, ¿no es cierto?
DAVIES: ¿Razón? Esta casa es suya, ¿no? ¡Es usted quien le permite a él vivir aquí!
MICK: Sí, supongo... que podría decirle que se fuera.
DAVIES: Es lo que estoy diciendo.
MICK: Sí, le podría decir que se fuera. Quiero decir, que yo soy el dueño de la casa. Por otra parte él es el inquilino. Darle un preaviso, ¿sabe?, sería el requisito técnico. Eso es. Pero depende de la forma en que se considere este cuarto. Quiero decir que depende de que se lo considere amueblado o sin muebles. ¿Entiende?
DAVIES: No, no entiendo.
MICK: Todos estos muebles que están aquí, ¿comprende?, son de él, salvo las camas, por supuesto. Entonces se presenta un aspecto jurídico muy sutil, eso es.

(*Pausa.*)

DAVIES: ¡Lo que yo digo es que él debería volver al lugar de donde vino!
MICK (*lo mira*): ¿De donde vino?
DAVIES: Sí.
MICK: ¿Y de dónde vino?
DAVIES: Bueno... él... él...
MICK: A usted a veces se le va un poco la mano, ¿no le parece?
   (*Pausa. Se levanta vivamente.*)
   Bueno, de todas maneras, como están las cosas, yo no

tengo ningún inconveniente en hacer algunos arreglos por aquí...

Davies: ¡Eso es lo que yo esperaba oír!

Mick: No, no tengo ningún inconveniente.
   (*Se vuelve enfrentando a* Davies.)
   Pero vamos a ver si usted es tan bueno como asegura.

Davies: ¿Qué quiere decir?

Mick: Bueno, usted afirma que es un decorador de interiores. Espero que sea bueno.

Davies: ¿Un qué?

Mick: ¡Cómo un qué! Un decorador. Un decorador de interiores.

Davies: ¿Yo? ¿Qué dice? Yo nunca lo dije. Nunca fui eso.

Mick: ¿Usted nunca qué?

Davies: No, no, yo no, hombre. No soy decorador de interiores. Estuve demasiado ocupado. Tuve que hacer otras cosas, ¿Sabe? Pero yo... sin embargo, podría darle una mano en bastantes cosas... Deme... deme un poco de tiempo para ponerme en condiciones.

Mick: Yo no quiero que se ponga en condiciones. Yo necesito un decorador de interiores experimentado de primera clase. Pensé que lo era.

Davies: ¿Yo? Escuche... Escuche... Me confundió con otro.

Mick: ¿Cómo podría haberlo confundido? Usted es la única persona a quien le hablé. Usted es el único a quien le conté, le confié mis sueños, mis anhelos más profundos; usted es el único al que se lo dije, y lo hice sólo porque tenía entendido que era un decorador profesional de interiores y exteriores de primera clase.

Davies: Óigame...

Mick: ¿Quiere decir que usted no sabe colocar mosaicos de linóleo azul, cobre y color pergamino en el piso y reproducirlos en las paredes?

DAVIES: Bueno, mire, ¿de dónde sacó...?

MICK: ¿Usted no sería capaz de decorar una mesa con pinotea y afromosia, un sillón tapizado en *tweed* crema y una banqueta de haya con asiento de tela tejida con hierba de mar?

DAVIES: Jamás dije eso.

MICK: ¡Dios! ¡Debo haber tenido una falsa impresión!

DAVIES: ¡Nunca lo dije!

MICK: ¡Amigo! ¡Usted es un reverendo impostor!

DAVIES: No puede decirme eso a mí. Usted me tomó como cuidador. Yo debía darle una mano, eso es todo... a cambio de un pequeño... pequeño sueldo. Nunca dije otra cosa al respecto... Y usted empieza a insultarme...

MICK: ¿Cuál es su nombre?

DAVIES: No empecemos de nuevo.

MICK: No. ¿Cómo se llama realmente?

DAVIES: Mi nombre real es Davies.

MICK: ¿Y con qué nombre se lo conoce?

DAVIES: ¡Jenkins!

MICK: Tiene dos apellidos. ¿Eh? ¿Y qué más? ¿Y entonces por qué me dijo todas esas estupideces afirmando ser decorador de interiores?

DAVIES: ¡Yo no le dije nada! Escuche lo que quiero decirle.

(*Pausa.*)

Fue él que se lo dijo. Fue su hermano que debió decírselo. ¡Está loco! Es capaz de decir cualquier cosa... por despecho. Está trastornado, está medio ido. Fue él quien se lo dijo..

MICK (*camina lentamente hacia* Davies): ¿Qué dijo de mi hermano?

DAVIES: ¿Cuándo?

MICK: ¿Qué cosa es él?

DAVIES: Bueno, yo... entienda...

MICK: ¿Loco? ¿Quién está loco?

(Pausa.)
¿Usted llamó loco a mi hermano? A mi hermano. Decir eso es un poco... es un poco impertinente, ¿no le parece?

DAVIES: ¡Pero si él mismo lo dice!

(Mick *camina lentamente y hace un círculo alrededor de* Davies, *mirándolo.*)

MICK: ¡Qué hombre raro es usted! ¿No es verdad? Usted es realmente extraño. Desde que entró a esta casa, no hubo más que problemas. En serio. No puedo creerle nada de lo que dice. Cada una de sus palabras puede dar lugar a un sinfín de interpretaciones. La mayor parte de lo que dice es mentira. Es violento, caprichoso, nunca se puede saber lo que va a hacer. No es nada más que un animal salvaje. Un bárbaro. Y para colmo, apesta como el ojete ya desde la mañana. Fíjese. Viene aquí dándose aires de decorador de interiores; por eso lo tomo. ¿Y después qué pasa? Usted se manda largo discurso sobre todas las referencias que tiene en Sidcup... ¿Y qué sucede? En ningún momento lo vi ir a Sidcup a buscarlas. Es todo muy lamentable. Pero parece que no tendré más remedio que indemnizarlo por su trabajo de cuidador.

(*Busca en el bolsillo y saca una moneda.*)
Tome, medio peso.

(*Tira la moneda a los pies de* Davies. *Éste se queda quieto.* Mick *va hasta la cocina y levanta el buda.*)

DAVIES (*despacio*): Muy bien, entonces... hágalo... hágalo... si eso es lo que quiere...

MICK: ¡Esto es lo que quiero!

(*Tira el buda hacia la cocina de gas. El buda se rompe. Hablando enfáticamente.*) Cualquiera pensaría que esta casa es mi única preocupación. Tengo muchas otras cosas que me preocupan. Tengo otras cosas. Tengo muchos otros intereses. Tengo que impulsar mis propios negocios, ¿no es cierto? Debo pensar en la expansión... en todas las direcciones. Yo no me quedo quieto. Me muevo... continuamente. Me estoy moviendo continuamente. Tengo que pensar en el futuro. No es esta casa lo que me inquieta. No me interesa. Que se preocupe mi hermano. Él puede arreglarla, decorarla, hacer lo que se le dé la gana. Me da igual. Yo pensé que le hacía un favor permitiéndole vivir aquí. Él tiene sus propias ideas. Que las tenga. Yo no quiero saber nada. Abandono.

(*Pausa.*)

DAVIES: ¿Y yo?

(*Silencio. Mick no lo mira. Se oye un portazo. Silencio. Mick y Davies no se mueven. Entra Aston. Cierra la puerta, entra en la habitacion, y lo mira a Mick. Ambos se observan, y les aparece una débil sonrisa.*)

MICK (*a Aston*): Mirá... ah...

(*Se interrumpe. Va hacia la puerta y sale. Aston deja la puerta abierta, cruza detrás de Davies, mira el buda roto y observa las piezas durante un momento. Luego va hacia su cama, se saca el sobretodo, se sienta, toma el destornillador y el enchufe y comienza a manipularlo.*)

DAVIES: Sólo volví por mi pipa.

ASTON: Sí, sí.
DAVIES: Salí... y de pronto descubrí... ¿sabe?, que no tenía la pipa. Por eso volví a buscarla...
(*Pausa. Va hacia* Aston.)
Ese no es el mismo enchufe..., ¿no?, con el que usted estuvo...
(*Pausa.*)
¿Todavía no da pie con bola con eso, eh?
(*Pausa.*)
Si usted persevera..., en mi opinión, probablemente...
(*Pausa.*)
Escuche...
(*Pausa.*)
No lo dijo en serio, cuando afirmó que yo apesto ¿no?
(*Pausa.*)
¿Eh? Usted fue un buen amigo. Usted me albergó. Me albergó sin preguntarme nada; me dio una cama y se portó conmigo como un camarada. Oiga. Estuve pensando por qué yo hice todos esos ruidos. Es a causa de la corriente de aire, ¿sabe?, esa corriente que me pegaba de lleno cuando dormía, y me hacía hacer ruidos sin darme cuenta. Y estuve pensando; lo que quiero decir es que si usted me diera su cama, y se quedara con la mía... total entre ellas no hay tanta diferencia, son camas de la misma clase, si yo me quedara con la suya, porque como usted duerme en cualquier lugar, yo podría tener la suya y usted la mía. Eso estaría bien. Yo estaría a salvo de la corriente de aire, es decir, como a usted no le importa que le dé un poco de viento, porque necesita que haya un poco de aire, y eso lo entiendo perfectamente, ya que estuvo encerrado allí aquella vez, con todos aquellos doctores, encerrado, y lo que le hicieron, sin poder salir... yo sé cómo son esos lugares, demasiado calurosos, ¿sabe? Siempre demasiado

calurosos. Una vez me asomé a uno, y casi me ahogo, así que comprendo que la mejor salida sería que cambiemos de cama, y entonces haríamos aquel trato. Yo le cuidaría la casa, la vigilaría, pero para usted... no para el otro, no para..., es decir su hermano... No para él. Yo sería su empleado, me lo dice, y listo, sólo tiene que decírmelo... (*Pausa.*) ¿Qué le parece lo que acabo de explicarle?

(*Pausa.*)

ASTON: No, a mí me gusta dormir en esta cama.
DAVIES: ¡Pero usted no entiende lo que yo quiero decir!
ASTON: De todos modos, esa cama es de mi hermano.
DAVIES: ¿De su hermano?
ASTON: Sí, para cuando se queda aquí. Esta es mi cama. La única en la que yo puedo dormir.
DAVIES: Pero su hermano se fue. Se fue.

(*Pausa.*)

ASTON (*pausa*): No, no podría cambiar de cama.
DAVIES: ¡Pero es que usted no me entiende!
ASTON: De todos modos voy a estar ocupado. Tengo que construir ese galponcito. Si no lo hago ahora, nunca se concretará. Hasta que no esté terminado, no puedo empezar otras cosas.
DAVIES: Yo lo ayudaré a levantar el galponcito. ¡Eso!
  (*Pausa.*)
  Le doy una mano. ¡Entre los dos levantamos el galponcito! ¿Entiende? ¡Lo haremos rapidísimo! ¿Entiende lo que quiero decir?

(*Pausa.*)

ASTON: No. Puedo hacerlo yo solo.
DAVIES: Pero escuche. Yo estoy con usted. Me quedaré aquí, ¡lo haré para usted!
(Pausa.)
¡Lo haremos juntos!
(Pausa.)
¡Dios! ¡Cambiamos las camas y ya está! (Aston *va hasta la ventana y permanece allí, dándole la espalda a Davies.*) ¿O es que usted se propone echarme a la calle? No puede hacer eso. Oiga, amigo, oiga amigo, escúcheme, no me importa, ¿sabe? No me importa. Me quedaré. No me importa, le digo que si no quiere cambiar de cama, seguimos como hasta ahora, me quedaré en la misma cama. A lo mejor puedo conseguir un pedazo de arpillera más fuerte, como para cubrir la ventana, evitar la corriente de aire, y asunto arreglado. ¿Qué le parece? ¿Seguimos como hasta ahora?

(Pausa.)

ASTON: No.
DAVIES: ¿Por qué... no?
ASTON (*gira y lo mira*): Usted hace demasiado ruido.
DAVIES: Pero... pero... mire... escuche... Escúcheme... Quiero decir...
(Aston *se vuelve hacia la ventana.*)
¿Qué será de mí?
(Pausa.)
¿Qué puedo hacer?
(Pausa.)
¿Adónde voy a ir?
(Pausa.)
Si quiere que me vaya... me iré. Sólo tiene que decírmelo.

(Pausa.)
Quiero explicarle algo... Esos zapatos... esos zapatos que usted me dio... me dan un resultado bárbaro... son muy buenos. Tal vez yo podría... ir a...(Aston *sigue callado en la ventana, dandole la espalda a* Davies.) Oiga... Si yo... fuese allá... Si yo... consiguiera mis papeles... Usted... Usted... ¿Me permitiría?... Si usted... Si yo fuera allá... ¿si fuera allá y consiguiera mis...?

(Largo silencio.)

FIN

Los enanos

Personajes

LEN
PETE
MARK

Los dos lugares principales son:

1. Un cuarto en la casa de Len. Sólidos muebles de Europa Central. Pilas de libros. Una pequeña mesa tallada con un mantel de chenille, un tazón para frutas, libros. Dos sillas de marquetería. Una lámpara colgante con pantalla oscura.

2. Living en el departamento de Mark. Bastante moderno. Confortable. Dos sillones y una mesita para café.

En un subnivel del escenario hay un área central, aislada, para una corta escena que transcurre más tarde en la obra y, arriba, en un nivel superior, una cama en un hospital.

Len, Pete y Mark; *todos tienen cerca de 30 años de edad.*

Habitación de Mark. *Medianoche. Las lámparas están encendidas. Dos tazas y platos, hay una azucarera y una tetera en una bandeja sobre la mesita para café.*
   Pete *está sentado, leyendo.*
   Len *está tocando una flauta. El sonido se escucha entrecortado.*

LEN: Pete.
PETE: ¿Qué?
LEN: Vení acá.
PETE: ¿Qué?
LEN: ¿Qué le pasa a esta flauta? (*Desarma la flauta, mira adentro, sopla y le da golpecitos.*) Algo anda mal con esta flauta.
PETE: Tomemos el té.
LEN: No puedo hacer nada con ella.
   (*Vuelve a armar la flauta. Hace otro intento para que funcione.*)
   ¿Dónde está la leche?

   (*Coloca la flauta sobre la bandeja.*)

PETE: Vos ibas a traerla.
LEN: Así es.
PETE: Bueno, ¿dónde está?
LEN: Me la olvidé. ¿Por qué no me hiciste acordar?

PETE: Dame la taza.
LEN: ¿Qué hacemos ahora?
PETE: Dame el té.
LEN: ¿Sin leche?
PETE: No hay leche.
LEN: ¿Le ponemos azúcar? (*Yendo hacia la puerta.*) Debe tener un poco de leche en algún lado. (*Sale hacia la cocina. Ruido de apertura de armarios, etc. Reaparece con un frasco de pepinitos.*) Aquí hay unos pepinitos. ¿Qué te parece un pepinito? (*Le lleva el frasco a* Pete.) ¿Querrías un pepinito? (Pete *lo huele, pone cara de disgusto.* Len *olfatea y sale.*) Esperá un poco. (*Ruidos en la cocina.* Len *reaparece con una botella de leche.*) ¡Ah!, aquí tenemos. Yo sabía que debía tener algo. (*Tratando de abrir la botella.*) Uh, uh... Está dura.
PETE: Yo no abriría eso.
LEN: Uuuuh... ¿por qué no? Yo no puedo tomar té sin leche. Uhhhh, ya está. (*Levantando la taza para llenarla.*) Dame tu taza.
PETE: Dejala.

(*Pausa.* Len *sacude la botella encima de la taza.*)

LEN: No quiere salir. (*Pausa.*) La leche no quiere salir de la botella.
PETE: Estuvo allí dos semanas, ¿por qué iba a salir ahora?
LEN: ¿Dos semanas? Él estuvo ausente más de dos semanas.(*Corta pausa.*) Está pegada adentro. (*Corta pausa.*) Se supone que un hombre como él debería tener una muchacha, ¿no te parece, para ocuparse de la casa mientras él está afuera, para que se ocupe de su leche? o un señor. Un señor servidor de un señor. ¿Estás bien seguro que no tiene un señor de un señor guardado en algún lugar, para que se ocupe de su casa?

PETE (*levantándose para volver a colocar un libro en la biblioteca*): Sólo vos. Sos el único señor de señor que él tiene.

(*Pausa.*)

LEN: Bueno, si yo fuese su señor de señor, tendría que haberme ocupado de su casa.

(*Pausa.* Pete *saca de la pared un tenedor de cobre para tostar.*)

PETE: ¿Qué es esto?
LEN: ¿Eso? Ya lo viste antes. Es un tenedor para tostar.
PETE: Tiene una cabeza de mono.
LEN: Es portugués. Todo en esta casa es portugués.
PETE: ¿Y por qué?
LEN: Ese es su origen.
PETE: ¿Sí?
LEN: O por lo menos el de su abuela paterna. De allí viene su familia.
PETE: Bueno, bueno.

(*Vuelve a colgar el tenedor en la pared.*)

LEN: ¿A qué hora viene?
PETE: Pronto.

(*Se sirve una taza de té.*)

LEN: Estás tomando té negro.
PETE: ¿Y qué tiene?
LEN: No estás en Polonia.

(*Toca la flauta.* Pete *se sienta en un sillón.*)

PETE: ¿Qué le pasa a eso?
LEN: Nada. No le pasa nada. Debe estar rota. Hace un año que no la toco. (*Estornuda.*) ¡Aah! Tengo el más fuerte y maldito resfrío de toda mi vida. (*Se suena la nariz.*) Pero en realidad no me jode demasiado.
PETE: No me hinches. (*Corta pausa.*) ¿Porqué no te controlás? Si seguís así la semana que viene estarás como para el loquero.

(Len *usa la flauta como telescopio en la parte trasera de la cabeza de* Pete.)
(*Pausa.*)

LEN: Diez contra uno que vendrá con hambre.
PETE: ¿Quién?
LEN: Mark. Cuando venga. Ese tipo puede comer como una bestia. Pero no va a encontrar mucho aquí, ¿no? No hay nada en la cocina, ni siquiera un poco de lechuga. Esto es como un asilo de pobres. (*Pausa.*) Ese tipo puede comer como una bestia. (*Pausa.*) Lo he visto tragar un pan entero antes de que yo me sacara el saco. (*Pausa.*) En aquellos tiempos no dejaba ni una miguita en el plato. (*Pausa.*) Por supuesto que puede haber cambiado. Las cosas cambian. Pero yo siempre soy el mismo. ¿Sabés? Me mandé cinco comidas completas en un solo día la semana pasada. A las once, a las dos, a las seis, a las diez y a la una de la mañana. No estuvo mal. El trabajo me da hambre. Estaba trabajando ese día. (*Pausa.*) Siempre estoy muy hambriento cuando me levanto. La luz del día me produce algo extraño, ni qué hablar de la noche. En cuanto a mí, lo único que puedo hacer en la noche es comer. Me mantiene bien,

especialmente si estoy en casa. Tengo que bajar corriendo para poner la pava, correr arriba para terminar lo que estaba haciendo, volver a correr abajo para cortar un sandwich o preparar una ensalada, correr arriba para terminar lo que estaba haciendo, precipitarme abajo para ocuparme de las salchichas, si voy a comer salchichas, correr arriba para terminar lo que estaba haciendo, volver a bajar rápidamente para poner la mesa, correr arriba para terminar lo que estaba haciendo, volver...

PETE: Sí.
LEN: ¿Dónde conseguiste esos zapatos?
PETE: ¿Qué?
LEN: Esos zapatos. ¿Cuánto hace que los tenés?
PETE: ¿Qué pasa con ellos?
LEN: ¿Estuviste usándolos toda la noche?

(*Pausa.*)

PETE: ¿Cuándo fue que dormiste por última vez?

(*Su mano reposa abierta, con la palma hacia arriba.*)

LEN: ¿Dormir? No me hagas reír. No hago más que dormir.
PETE: ¿Y qué pasa con el trabajo? ¿Cómo anda el trabajo?
LEN: ¿Paddington? Es una importante estación de trenes. Un horno. Es un horno. Sin embargo, aire malo es mejor que estar sin aire. Es mejor durante el turno de noche. Los trenes llegan, le doy cincuenta centavos a un tipo, hace mi trabajo, yo me acurruco en un rincón y leo los horarios. Pero me dicen que podría ser un maletero de primera clase. Me dijeron que tengo todas las condiciones para ser el número uno de los maleteros. ¿Qué estás haciendo con tu mano?

PETE: ¿De qué hablás?
LEN: ¿Qué estás haciendo con tu mano?
PETE (*Con frialdad*): ¿Qué pensás que estoy haciendo? ¿Eh? ¿Qué pensás?
LEN: No sé.
PETE: ¿Querés que te diga? Nada. No hago nada con ella. No se mueve. No estoy haciendo *nada* con ella.
LEN: Estás sosteniendo tu palma hacia arriba.
PETE: ¿Y qué tiene?
LEN: No es normal. Dejame mirar esa mano. Dejame verla. (*Pausa. Suspira entre dientes.*) Sos un maníaco homicida.
PETE: ¿Es un hecho?
LEN: Mirá. Mirá esa mano. Mirá, mirala. Una línea recta la atraviesa por el medio. Justo por el medio, ¿ves? Horizontal. Eso es todo lo que tenés. ¿Qué otra cosa tenés? Sos un chiflado.
PETE: ¿Ah, sí?
LEN: No se puede encontrar dos hombres en un millón con una mano así. Se nota a la legua. A una legua. ¡Eso sos, es exactamente lo que sos, un maníaco homicida!

(*Golpean a la puerta de calle.*)

PETE (*Levantándose para salir*): Ahí está. (*Sale, las luces comienzan a bajar hasta el apagón.*)
MARK (*voz en off*): ¿Hay alguien ahí?
PETE (*voz en off*): Sí, ¿cómo estás?
MARK (*voz en off*): ¿Querés té?
PETE (*voz en off*): Té polaco.

(*Apagón. Las luces se encienden en el cuarto de* Len; *lámpara de techo.*)

LEN: Ahí está mi mesa. Esa es una mesa. Ahí está mi silla.

Aquí está mi mesa. Esa es una fuente para frutas. Ahí está mi silla. Ahí están mis cortinas. No hay viento. Ya pasó la noche y todavía no llegó la mañana. Este es mi cuarto. Este es un cuarto. El papel de empapelar está en las paredes. Hay seis paredes. Ocho paredes. Un octágono. Este cuarto es un octágono.
Aquí están mis zapatos, en mis pies.
Este es un viaje y una emboscada. Este es el centro del frío, una parada en el viaje y ninguna emboscada. Este es el alto pasto sobre el que estoy. Este es el matorral en el centro de la noche y de la mañana. Allí está mi bombita de cien vatios como una daga. Este cuarto se mueve. Este cuarto se está moviendo. Se movió. Llegó a... un punto muerto. Este es mi lugar. No hay red. Todo es claro y abundante. Tal vez llegue un mañana. Si llegase ese mañana, no destruirá mi lugar, ni mi lujo. Si fuese oscura la noche, o hubiese luz, nada se impondría. Tengo mi compartimiento. Estoy apretado. Esto es mi orden y mi reino. No hay voces. No me afectan para nada.

(*Suena el timbre de calle.* Len *busca sus anteojos sobre la mesa, revolviendo los libros. Levanta el mantel. Se queda quieto. Busca en el sillón. Luego en la chimenea. El timbre suena otra vez. Busca debajo de la mesa. El timbre suena otra vez. Se levanta, mira hacia abajo, ve los anteojos en el bolsillo superior del saco. Se sonríe, se los pone. Sale para abrir la puerta del frente.* Mark *entra y va hacia la mesa de abajo.* Len *lo sigue.*)

LEN: ¿Qué es esto, un traje? ¿Dónde está tu clavel?
MARK: ¿Qué pensás de eso?
LEN: No es un "schmutta"*

---

* "Schmutta": expresión judía para "traje". (N. del T.)

MARK: Tiene un cierre relámpago en la cadera.
LEN: ¿Un cierre relámpago en la cadera? ¿Para qué?
MARK: En lugar de una hebilla. Es más puro.
LEN: ¿Puro? Yo diría que es puro.
MARK: Nada de dobleces.
LEN: Es evidente. ¿Por qué no tenés dobleces?
MARK: Es más elegante sin dobleces.
LEN: Por supuesto que es más elegante.
MARK: No lo quise cruzado.
LEN: ¿Cruzado? Por supuesto que no lo querías cruzado.
MARK: ¿Qué pensás de la tela?
LEN: ¿La tela? (*La estudia, mira con asombro y larga un silbido entre los dientes. Rápidamente.*) ¡Qué tela bárbara! ¡Qué tela bárbara! ¡Qué tela bárbara! ¡Qué tela bárbara! ¡Qué *tela* bárbara!
MARK: ¿Te gusta la tela?
LEN: ¡QUÉ TELA BÁRBARA!
MARK: ¿Qué te parece el corte?
LEN: ¿Qué es lo que pienso del corte? ¿Del corte? ¿Del corte? ¡Qué corte! ¡Qué corte! ¡Nunca vi un corte así!

(*Pausa.*) (*Se sienta y larga un gemido.*)

MARK (*peinándose, se sienta*): ¿Sabés dónde estuve recién?
LEN: ¿Dónde?
MARK: Earls Court.
LEN: ¡Uuuuhh! ¿Qué estabas haciendo allí? Eso no viene al caso.
MARK: ¿Qué pasa con Earls Court?
LEN: Es una funeraria sin un cadáver. (*Pausa.*) Hay un tiempo y un lugar para todo…
MARK: En eso tenés razón.
LEN: ¿Qué querés decir con eso?
MARK: Hay un tiempo y un lugar para todo.

LEN: En eso tenés razón. (*Se pone los lentes, se levanta y va hacia* Mark.) ¿Con quién estuviste? ¿Con actores y actrices? ¿Cómo es cuando actuás? ¿Te satisface? ¿Satisface a alguien más?
MARK: ¿Qué hay de malo en la actuación?
LEN: Es una profesión que se aprecia con el tiempo... se aprecia con el tiempo. (*Pausa.*) ¿Pero qué es lo que produce? ¿Te satisface cuando subís al escenario, que todos levanten la vista y te miren? Tal vez ni quieren mirarte. Tal vez prefieren mirar a otro. ¿Alguna vez les preguntaste? (Mark *larga una risita.*) Deberías seguir mi ejemplo y dedicarte a la matemática. (*Le muestra un libro abierto.*) ¡Mirá! Toda la noche estuve dedicado a la mecánica y a los determinantes. No hay nada mejor que un poco de cálculo para levantarte el ánimo.

(*Pausa.*)

MARK: Lo voy a pensar.
LEN: ¿Tenés un teléfono aquí?
MARK: Es tu casa.
LEN: Sí. ¿Qué es lo que estás haciendo aquí? ¿Qué es lo que querés?
MARK: Pensé que me podrías dar un poco de pan y miel.
LEN: No quiero que te pongas a curiosear en este cuarto. No es lugar para curiosear. Tenés que guardar el sentido de la proporción. Es todo lo que pido.
MARK: Eso es todo.
LEN: Ya tengo bastante con este cuarto así como está.
MARK: ¿Cuál es tu problema?
LEN: Los ambientes en los que vivimos... no hay nada que hacer. (*Pausa.*) ¿No ves? Cambian de forma a su propia voluntad. No me quejaría si por lo menos mantuviesen alguna coherencia. Pero no lo hacen. Y desconozco los

límites, las fronteras, que me han hecho creer que son naturales. Apoyo absolutamente el comportamiento natural de habitaciones, puertas, escaleras, todo eso. Pero no puedo confiar en ellos. Cuando, por ejemplo, miro a través de la ventanilla de un tren, de noche, veo las luces amarillas nítidamente, veo lo que son, y observo que están quietas. Pero sólo están quietas porque yo me estoy moviendo. Sé que se mueven conmigo, y cuando pasamos por una curva, súbitamente mueren. Sin embargo, sé que están quietas. Después de todo fueron fijadas a postes que están arraigados a la tierra. De manera que tienen que estar quietas, como es su derecho, en la medida en que la tierra misma está quieta, lo que por supuesto no es el caso. El punto es, dicho sencillamente, que sólo puedo apreciar estos hechos cuando me estoy moviendo. Cuando estoy quieto nada de lo que me rodea asume una conducta natural. No digo que yo sea un criterioso, yo no diría eso. Después de todo, cuando estoy en un tren, realmente no me estoy moviendo. Eso es obvio. Estoy en el asiento del rincón. Estoy quieto. Tal vez me están moviendo, pero yo no me muevo. Tampoco lo hacen las luces amarillas. El tren se mueve, seguro, pero ¿qué tiene que ver el tren con esto?

MARK: Nada.

LEN: Estás asustado.

MARK: ¿Lo estoy?

LEN: Tenés miedo de que en cualquier momento yo sea capaz de ponerte un trozo de carbón incandescente en la boca.

MARK: ¿Yo?

LEN: Pero cuando llegue el momento sabés que lo que haré es poner un trozo de carbón incandescente en mi propia boca.

(*Súbito apagón.* Pete *está sentado donde estuvo*

Mark. *Las luces se encienden de golpe.*)
   Tengo unos "beigels".*
PETE: ¿Esta es una mesa muy sólida, no?
LEN: Dije que tenía unos "beigels".
PETE: No, gracias. ¿Cuánto hace que tenés esta mesa?
LEN: Es una reliquia de familia.
PETE: Sí, me gustaría una buena mesa, y una buena silla. Muebles fuertes. Hechos para el uso. Los pondría en un bote. Navegaría por el río. Un bote casero. Podrías estar sentado en la cabina y mirar el agua.
LEN: ¿Quién manejaría?
PETE: Podrías estacionarlo. Estacionarlo. No hay un alma a la vista.

(Len *trae una botella de vino medio llena y un vaso a la mesa. Lee la etiqueta. Olfatea la botella. Vierte un poco en el vaso, lo saborea y luego hace gárgaras, caminando. Escupe el vino dentro del vaso y vuelve a guardar la botella y el vaso en el aparador, luego de echar una mirada culposa a* Pete. *Retorna a la mesa de arriba.*)

LEN (*murmurando*): Imposible, imposible, imposible.
PETE (*bruscamente*): Estuve pensando en vos.
LEN: ¿Aha?
PETE: ¿Sabés cual es tu problema? No sos elástico. A vos te falta elasticidad. Tendrías que ser más elástico.
LEN: ¿Elástico? Elástico. Sí, tenés razón. Elástico. ¿De qué estás hablando?
PETE: Abandonar el alma más que un fracaso es un error táctico. Por elástico quiero decir "estar preparado para tus propios desvíos". No sabés qué es lo que vas a hacer un momento después. Sos como una camisa

---

* "beigels": "bollos judíos". (*N. del T.*)

rota. Pensalo. Te van a encerrar antes de que seas más viejo.
LEN: No. El cielo es diferente cada vez que lo miro. Las nubes dan vueltas ante mi vista. No lo puedo hacer.
PETE: El temor que te da la experiencia obviamente tendría valor si proviniese de la discriminación. Eso es lo que te falta. No tenés idea de cómo guardar distancia entre lo que olés y lo que pensás al respecto. No tenés la facultad de hacer una simple distinción entre una cosa y otra. Cada vez que salís por esa puerta es como si directamente te tiraras de un acantilado. Lo que tenés que hacer es cultivar el poder de la determinación. ¿Cómo podés esperar determinar y verificar algo así si te movés todo el día con la nariz entre tus pies? Te la pasás boludeando demasiado con Mark. Eso no te hace nada bien. Yo sí sé como manejarlo. Pero no creo que pegue con vos. Entre vos y yo, a veces pienso que no es un tipo confiable. A veces pienso que juega con nosotros. ¿Pero a qué juega? Cuando lo pienso, no deja de gustarme. Somos viejos compinches. Pero cuando lo mirás bien, ¿qué ves? Una pose. ¿Tiene consistencia o es estéril? Algunas veces pienso que es tan estéril como un campo arrasado. Muy pronto se le agotará la fuerza si no se cuida. (*Pausa.*) Te cuento un sueño que tuve anoche. Estaba con una chica en una estación de subte, en la plataforma. Había gente apurada por ahí. Cundía una especie de pánico. Cuando miré a mi alrededor, vi que las caras de todos se estaban pelando, cubiertas de manchas y lastimaduras. La gente gritaba; sus voces resonaban bajando por los túneles. Se escuchaba una sirena de incendio. Cuando miré a la chica vi que también su cara se deshacía en capas, como el yeso. Costras y manchas negras. La piel se estaba cayendo como pedazos de carne para gatos. Podía

escuchar el chisporroteo en las vías eléctricas. La agarré del brazo para alejarla de ahí. No se quería mover. Estaba parada, con sólo la mitad de su cara mirándome fijo. Le grité para que saliera. Luego pensé: "Dios, ¿cómo estará mi cara? ¿Es por eso que me mira fijo? ¿También mi cara se estará descomponiendo?"

(*Cambia la luz. Habitación de* Len. *Pete y* Mark *miran un tablero de ajedrez.* Len *los observa. Silencio.*)

LEN: ¡Eh…!
    (*Ellos no lo miran.*)
    Los enanos volvieron al trabajo. (*Pausa.*) Dije que los enanos volvieron al trabajo.
MARK: ¿Los qué?
LEN: Los enanos.
MARK: ¿Ah sí?
LEN: Ah sí. Sabés que estuvieron esperando una señal de humo. Acabo de mandar la señal de humo.

(*Pausa.*)

MARK: ¿Así que acabás de mandarla?
LEN: Sí. Los llamé para el trabajo. Asumieron sus posiciones. ¿No lo notaron?
PETE: No lo noté. (*A* Mark.) ¿Vos lo notaste?

(*Risita de* Mark.)

LEN: Les diré algo. Ellos no dejan de trabajar hasta no terminar, de una forma u otra. Nunca eluden una tarea. ¡Oh, no! Son verdaderos profesionales. Profesionales en serio.
PETE: Escuchá. ¿No te das cuenta que estamos tratando de jugar al ajedrez?

(*Pausa.*)

LEN: Los convoqué para que los vigilen a ustedes dos, ¿saben? Los van a vigilar de cerca. Yo también. Estamos esperando que ustedes muestren su jugada. Todos vamos a cuidarlos a los dos muy de cerca. Yo y los enanos.

(*Pausa.*)

MARK (*refiriéndose al ajedrez*): Creo que te tengo hecho polvo, Pete.
    (Pete *lo mira.*)
PETE: ¿De veras?

(*La luz cambia y da de lleno a la habitación de* Mark. Len *entra con un viejo espejo dorado.* Mark *lo sigue.*)

MARK: Volvé a colocar ese espejo.
LEN: Este es el mejor mueble que hay en tu casa. Es español. No portugués. ¿Vos sos portugués, no?
MARK: Volvé a ponerlo.
LEN: Mirá tu cara en este espejo. Mirá. Es una farsa. ¿Dónde están tus rasgos? No tenés rasgos. No podés llamar a eso rasgos. ¿Qué pensás hacer al respecto, eh? ¿Cuál es tu respuesta?
MARK: Cuidá ese espejo. No está asegurado.
LEN: Vi a Pete el otro día. Al atardecer. Vos no lo sabías. A veces me hago preguntas con respecto a vos. Muchas veces me hago preguntas con respecto a vos. Pero tengo que seguir pedaleando. Lo tengo que hacer. Hay un límite de tiempo. ¿A quién tenés escondido aquí? No estás solo aquí. ¿Qué pasa con tu esperanto? No te olvides que todo lo que supera dos onzas vale un penique.

MARK: Gracias por la información.
LEN: Aquí está tu espejo.
>(Mark *sale con el espejo. Len saca una manzana de una fuente con frutas, se sienta en el sillón mirándola.* Mark *vuelve.*)
>
>Esta es una manzana rara.
>(*Se la tira a* Mark, *quien la vuelve a poner en la fuente.*)
>Pete me pidió que le preste un peso.

MARK: ¿Eh?
LEN: Me negué.
MARK: ¿Qué?
LEN: Me negué rotundamente a prestarle un peso.
MARK: ¿Y qué dijo?
LEN: Muchas cosas. Desde que lo dejé a Pete tuve pensamientos que no había tenido nunca antes.
MARK: Pasás demasiado tiempo con Pete.
LEN: ¿Qué?
MARK: Cortala. Él no te hace nada bien. Yo soy el único que sabe cómo entenderse con él. Lo puedo manejar. Vos no podés. Te lo tomás demasiado en serio. Él a mí no me preocupa. Lo sé manejar. No se hace el vivo conmigo.
LEN: ¿Quién dice que se hace el vivo conmigo? Nadie se hace el vivo conmigo. No soy el tipo de hombre con el que alguien pueda hacerse el vivo.
MARK: Deberías dejarlo.

(Len *agarra el tenedor para tostar y se lo lleva a* Mark.)

LEN: Este es un tenedor para tostar raro. ¿Alguna vez hacés tostadas?
>(*Deja caer el tenedor al piso.*)
>¡No lo toques! ¡No sabés lo que podría pasar si lo

tocás! ¡No debés tocarlo! ¡No debés agacharte! Esperá. (*Pausa.*) Me agacho yo. Yo... lo voy a levantar. Lo voy a tocar. (*Pausa... Suavemente.*) Ahí está. ¿Ves? No pasa nada cuando lo toco. Nada. No puede pasar nada. A nadie le importaría. (*Suspiro interrumpido.*) Mirá, no puedo ver pedazos de vidrio. No puedo ver el espejo a través del que debo mirar. Veo lo que hay detrás del espejo. Lo que hay detrás. Pero no puedo ver este lado del espejo. (*Pausa.*) Quiero romperlo, todo. ¿Pero cómo puedo romperlo? ¿Cómo romperlo si no puedo verlo?

(*Las luces se van apagando y se prenden otra vez en el cuarto de* Mark. Len *está sentado en un sillón.* Mark *entra con una botella de whisky y dos vasos. Sirve tragos para él y para* Pete. Pete, *que entró después de él, toma su vaso.* Mark *se sienta en otro sillon. Ninguno toma en cuenta a* Len.)

(*Silencio.*)

PETE: Pensar me llevó a esto y pensar me debe volver a sacar. ¿Sabés lo que quiero? Una idea eficaz. ¿Sabés qué quiero decir? Una idea eficaz. Una que funcione. Algo para invertir mi plata. Una apuesta a dos puntas. Nada garantizado, yo lo sé. Pero estoy dispuesto a jugar. Jugué cuando fui a trabajar a la ciudad. Quiero pelear con ellos en su propio terreno, no quejarme de ellos desde lejos. Eso fue lo que hice y sigo vivo. Pero estoy harto de esos atorrantes de la *city* financiera. ¡Todo ese revolver en la basura! Son de esa clase de gente que, si se les abrieran las puertas del cielo, todo lo que sentirían sería una corriente de aire. Estoy gastando mi tiempo allí. Llegó el momento de actuar. Estoy persiguiendo algo verdaderamente posible, algo que merece la adecuada, activa y voluntaria aplicación de mis propias facultades. Y lo alcanzaré.

LEN: Aplasté un pequeño insecto en un plato los otros días. Y empujé sus restos de mi dedo con el pulgar. Entonces vi que los fragmentos estaban creciendo, como pelusas. A medida que caían se agrandaban como pelusas. Había puesto mi mano dentro del cuerpo de un pájaro muerto.

PETE: El problema es que debés estar bien seguro de lo que querés decir con eficaz. Pensá en un cascanueces. Hacés presión sobre el cascanueces y el cascanueces rompe la nuez. Podés pensar que es un proceso exacto. No lo es. La nuez se rompe, pero la bisagra del cascanueces produce una fricción que es completamente aleatoria con la idea en cuestión. Es innecesario, es un escape y un derroche de energía para nada. Por lo tanto no hay nada de eficaz en un cascanueces. (Pete *se sienta, bebe.*)

LEN: Se fueron de picnic.

MARK: ¿Quién?

LEN: Los enanos.

PETE: ¡Dios mío! (*Toma un diario.*)

LEN: Me encomendaron barrer el fondo, poner el lugar en orden. Es una libertad de mierda. Se supone que los tendrían que vigilar a ustedes. ¿Qué creen que soy yo, una roñosa mucama? No puedo ocuparme del lugar yo mismo, no puede ser. Pilas y pilas y pilas de basura y residuos tirados por todo el lugar, vomitados y desparramados. No soy un criado, ellos no me pagan, soy yo quien paga.

MARK: ¿Por qué no te calmás?

LEN: Oh, no te preocupes, es una relación básicamente feliz. Yo les tengo confianza. Son muy eficientes. Ellos saben de qué se trata. Pero tienen un juego nuevo, ¿no les conté? Tiene que ver con escarabajos y ramitas. Un jardín de rocas con cenizas incandescentes. Me gusta mirarlos. Sus cabellos caen rizados y aceitosos sobre sus cuellos. Siempre agazapados y agachados, mojando sus mechas en la mostaza. De vez en cuando una lengüeta de fuego se enrosca subiendo por sus narices. ¿Saben lo que hacen? Se ponen locos. Ellos aúllan, pellizcan, babean, gimen, arrancan, y luego se calman colocando en los orificios del otro un ungüento, y luego, como si no hubiese pasado nada, todo olvidado. Ellos se divierten por ahí, cada uno con su compañero, sacan el vaporizador de nariz y la jeringa perfumada, se instalan para pasar la noche, con una masita y una rosca.

PETE: Hasta luego, Mark. (*Sale.*)

MARK: ¿Por qué no lo ponés sobre la mesa? (*Pausa.*) Abrilo, Len. (*Pausa.*) Se supone que soy tu amigo.

LEN: Sos como una víbora en mi casa.

MARK: ¿De verdad?

LEN: Estás tratando de comprarme y venderme. Te creés que soy un muñeco de ventrílocuo. Me arrinconás antes de que pueda abrir la boca. Me ponés un rótulo. Me estafás para sacarme de mi casa y de mi hogar, sos un especulador de mierda. (*Pausa.*) Contestame. Decí algo. (*Pausa.*) ¿Me entendés? (*Pausa.*) ¿No estás de acuerdo? (*Pausa.*) ¿Estás en contra? (*Pausa.*) ¿Creés que estoy equivocado? (*Pausa.*) ¿Lo estoy? (*Pausa.*) ¡Ustedes, dos hijos de puta, me convirtieron en una piltrafa y no puedo arreglarlo! (*Pausa.*) Perdí un reino. Supongo que están cuidando bien las cosas. ¿Sabías que Pete y vos son un acto de music hall? ¿Qué pasa? ¿Qué hacés cuando estás solo? ¿Bailás alegremente? Supongo que estás cuidando bien las cosas. Yo también tengo mi tesoro. Está en mi rincón. Todo está en mi rincón. Todo parte del punto de vista del rincón. No soy el jefe. Soy un hombre de trabajo. Cumplo con la voluntad del rincón. Me reviento trabajando. En un momento pensé que me había escapado pero nunca muere, nunca está muerto. Lo alimento, está bien alimentado. Cosas que antes me parecían de valor, hoy debo darlas como alimento; lo que era de valor se transformó en pus. No puedo esconder nada. No puedo apartar nada. Nada puede apartarse, nada puede esconderse, nada puede salvarse, espera, come, es voraz, vos estás incluído, Pete está incluido, están todos en mi rincón. ¡Debe haber algún otro lugar!

(*Repentina disminución de las luces en la zona central inferior.*)
(*Se ve a* Pete *difusamente, parado en la parte baja del proscenio debajo del cuarto de* Len. Mark *está sentado en su cuarto. No tiene luz.* Len *se agacha, mirando a* Pete.)

Pete camina a la vera del río. Se detiene bajo el cerco de madera. Para. Silbido del pasto amarillo. Las almenas de madera asoman por sobre la pared. El polvo suena suavemente en el parque. La noche hace ruido. Él escucha los sonidos de la calesita, mientras el sudor sube por el río. Pete camina a la vera del río. Se detiene bajo el cerco de madera. Se para. La madera cuelga. Máscara de muerte en el agua. Pete pasa al lado de la gaviota. Gaviota que corta en lonjas. Gaviota. Hacia abajo. Se para. Cadáver de rata en el pasto amarillo. Gaviota da palmadas. Gaviota explora. Gaviota planta sus patas. Gaviota se queja. Gaviota grita, desgarra, Pete, desgarra, escarba, Pete corta, rompe, Pete estira el cadáver, aletea, el pico de Pete crece, prueba, escarba, arranca, el río se sacude, no hay luna, qué es lo que puedo ver, los enanos se juntan, se deslizan por el puente, se reúnen en la orilla, los enanos se juntan, hábiles, trabajadores, llevan impermeables, va a llover, Pete escarba, se enrosca hasta la cabeza, los enanos observan, Pete tironea, tironea, está tironeando, mata, está matando, la cabeza de la rata, arranca la piel de la cabeza de la rata de un tirón. Pete camina al lado de... *(Fuerte quejido.)*

(Se hunde en la silla que está a la izquierda de la mesa. Las luces en el cuarto de Len *se encienden de golpe.* Pete *se da vuelta hacia él.)*

PETE: Tenés una cara que asusta. ¿Qué es lo que te pasa?
LEN: Estuve enfermo.
PETE: ¿Enfermo? ¿Qué te pasa?
LEN: Queso. Queso descompuesto. Me pegó con todo. Estuve comiendo mucho queso.
PETE: Bueno, sí. Es fácil comer mucho queso.
LEN: Salió todo. En unas veintiocho veces. No podía dejar de temblar y no podía salir del inodoro. Me agarró fuerte. Estoy bien ahora. Sólo voy tres veces por día. Puedo regularlo bastante bien. Una vez en la mañana. Otra vez, rápido, antes de almorzar. Otra vez, rápido, después del té, y después estoy libre de hacer lo que quiera. Creo que no me entendés. Ese queso no se murió. Recién empezó a vivir cuando lo tragaste, ¿sabés? Cuando ya bajó. Me tropecé con un alemán una noche, me acompañó a mi casa y me ayudó a terminar de comerlo. Se lo llevó a la cama, se sentó en la cama con él, en la suite para invitados. Yo entré y le pegué una ojeada. Lo tenía atado con cinta. Era muy bruto con él. Le daba un mordisco y luego se quedaba pensando. Yo se lo tenía que alcanzar. Aunque el sudor se le saliera por la nariz, se mantenía en pie. Eso fue des-

pués de haber salido de la cama. Estaba parado como un palo, lo tragó, chasqueó con sus dedos, pidió otro trozo de tarta de zarzamora. Es la temporada en la que hago tarta. Su pis olía peor que el queso. Se te ve muy saludable.

PETE: Debés tener mucho cuidado. ¿Sabés qué? Estás yendo de mal en peor. ¿Por qué no te controlás? ¿Eh? Buscate un trabajo estable. Para cambiar, tendrías que poner un poco de energía y las bolas. Ponete a hacer algo, por Dios, compañero. Así sos un peso muerto que nos sofoca a todos. Tenés que escuchar a tus amigos, compañero. ¿A quién sino?

(Pete *le toca el hombro y sale. Se prende una luz sobre* Mark. *Se apagan las luces en el cuarto de* Len. Len *se levanta y baja al centro.*)

LEN: Mark está sentado al lado de la chimenea. Cruza las piernas. Lleva un anillo en un dedo. El dedo extendido. Mark observa su dedo. Mira sus piernas. Mira la chimenea. Del otro lado de la puerta está la flor negra. Se peina con un peine de ébano, se sienta, se acuesta, baja sus pestañas, las levanta, no ve cambios en la disposición del cuarto, enciende un cigarrillo, observa su mano al empuñar el encendedor, observa la llama, ve como su boca se proyecta hacia adelante, ve lo que se consume, está satisfecho. Contento, ve el humo sobre la lámpara, contento con la lámpara y el humo y su espesor, contento con sus piernas y su anillo y su mano y su cuerpo a la luz de la lámpara. Se observa hablando, las palabras dibujadas en sus labios, se observa con placer en silencio.

Se deslizan debajo de las ramitas, al lado del lila, rompen los tallos, se sientan, corren hasta el borde del césped y allí esperan, hábiles, trabajadores, arman sus sombrillas, observan. Mark está acostado, pesado, contento, observa su humo en la ventana, regulando sus exhalaciones. Cae su mano *(cada vez con más repugnancia)*, proyecta una sonrisa para los invitados ausentes, succiona a todos los que llegan, acomoda su red, descansa allí como toda araña.

(Len *va hacia el sillón de arriba en la habitación de* Mark *a medida que las luces se encienden. La zona central de abajo se oscurece.*)

¿Qué dijiste?

MARK: Nunca dije nada.

LEN; ¿Qué hacés cuando estás cansado, vas a la cama?

MARK: Así es.

LEN: Dormís como un tronco.

MARK: Sí.

LEN: ¿Qué hacés cuando te despertás?

MARK: Me despierto.

LEN: Te quiero preguntar algo.

MARK: No lo dudo.

LEN: ¿Estás preparado para contestar preguntas?

MARK: No.

LEN: ¿Qué hacés durante el día cuando no estás caminando por ahí?

MARK: Descanso.

LEN: ¿Dónde encontrás un lugar para descansar?

MARK: Por cualquier parte.

LEN: ¿Con consentimiento?

MARK: Invariablemente.

LEN: ¿Pero no tenés pretensiones?

MARK: Sí, las tengo.

LEN: ¿Elegís el lugar para descansar?

MARK: Generalmente sí.

LEN: ¿Puede ser en cualquier sitio?

MARK: Sí.
LEN: ¿Eso te satisface?
MARK: ¡Seguro! Tengo un hogar. Sé donde vivo.
LEN: ¿Querés decir que tenés raíces? ¿Por qué yo no tengo raíces? Mi casa es más vieja que la tuya. Mi familia vivió aquí. ¿Por qué no tengo un hogar?
MARK: Mudate.
LEN: ¿Crees en Dios?
MARK: ¿Qué?
LEN: ¿Creés en Dios?
MARK: ¿En quién?
LEN: En Dios.
MARK: ¿En Dios?
LEN: ¿Creés en Dios?
MARK: ¿Si creo en Dios?
LEN: Sí.
MARK: ¿Me lo repetirías?

(Len *se acerca rápidamente al estante. Toma el tarro de galletitas. Le ofrece a* Mark.)

LEN: Agarrá una galletita.
MARK: Gracias.
LEN: Son tus galletitas.
MARK: Quedan dos. Agarrá una.

(Len *guarda las galletitas.*)

LEN: No entendés. Nunca vas a entender.
MARK: ¿De veras?
LEN: ¿Sabés dónde está la cuestión? ¿Sabés de qué se trata?
MARK: No.
LEN: El punto es, ¿quién sos vos? No por qué o cómo, ni siquiera qué. Tal vez puedo ver qué, con bastante nitidez.

¿Pero quién sos? No sirve decir que vos sabés quién sos, sólo porque me contás que podés insertar tu llave específica en un agujero específico, que sólo sirve para tu llave específica porque no estaríamos a salvo de errores y seguramente no sería determinante. Sólo porque se te dá por hacer estas declaraciones de fe. Eso no tiene nada que ver conmigo. No es cosa mía. A veces creo que percibo algo de lo que vos sos, pero eso es nada más que un accidente. Puro accidente de los dos, del que percibe y del que emite. No se asemeja en nada a un accidente, es deliberado, es un propósito conjunto. Dependemos de estos accidentes, de estos accidentes inventados, para continuar. No tiene importancia entonces que sea conspiración o alucinación. Lo que sos, o aparentás ser para mí, o lo que a vos te parece que sos, cambia tan rápido, tan horriblemente, que yo de ninguna manera puedo acompañarlo y estoy absolutamente seguro que vos tampoco. Ni siquiera puedo empezar a darme cuenta de quién sos, y algunas veces lo reconozco tan completamente, tan enérgicamente que no puedo mirar; ¿cómo podría estar seguro de lo que veo? No tenés ningún número. ¿Dónde debo mirar? ¿Dónde debo mirar? ¿Qué es lo que hay que ubicar para tener alguna seguridad, para tener un descanso de todo este infame despelote? ¡Sos la suma de tantas reflexiones! ¿Cuántas reflexiones? ¿Las reflexiones de quién? ¿En eso consistís? ¿Qué basura deja la marea? ¿Qué pasa con la basura? ¿Cuándo sucede? Vi lo que pasa. Pero no puedo hablar cuando lo veo. Sólo lo puedo señalar con el dedo. Y ni siquiera eso. La basura es destruida y aspirada de vuelta. No veo donde va. No veo cuándo, qué veo, ¿qué es lo que vi? ¿Qué vi, la basura o la esencia? ¿Qué pasa con eso? ¿Eso te da el derecho de plantarte ahí y decirme que sabés quién sos? Es una desgraciada impertinencia. Hay un gran desierto y hay un viento que frena. Pete estuvo comiendo demasiado queso, por eso se enfermó, y es lo que le está devorando la carne, pero eso no importa, ustedes siguen estando en el mismo barco, se están comiendo todas mis galletitas, pero eso no importa, siguen estando en el mismo barco, siguen estando juntos detrás de las cortinas. Él cree que sos un idiota, Pete cree que sos un idiota, pero eso no importa, ambos siguen estando detrás de mis cortinas, moviendo mis cortinas en mi cuarto. Él puede ser tu Superhéroe, vos podés ser su superhéroe, pero yo estoy jodido con ustedes, con los dos superhéroes, eso es la amistad, eso es que yo sé. Es lo que yo sé.

MARK: ¿Pete cree que soy un estúpido? (*Pausa.*) ¿Pete... Pete piensa que soy un *estúpido*?

(Len *sale. Las luces en el cuarto de* Mark *se extinguen y luego vuelven a prenderse. Suena el timbre de calle.* Mark *se levanta y va hacia la puerta de entrada.*)
(*Silencio.*)

PETE (*entrando*): Hola, Mark.
MARK (*vuelve a entrar y se sienta*): Hola.
PETE: ¿Qué estás haciendo?
MARK: Nada.
PETE: ¿Me puedo sentar?
MARK: Por supuesto.

(Pete *se sienta en el sillón de la derecha. Pausa.*)

PETE: Bueno, ¿qué es de tu vida?
MARK: ¿Cuándo?
PETE: Ahora.
MARK: Nada.

(Mark *se lima las uñas.*)
(*Pausa.*)

PETE: Len está en el hospital.
MARK: ¿Len? ¿Qué le pasa?
PETE: Problemas de riñón. Nada serio. (*Pausa.*) Bueno, ¿qué ha sido de tu vida?
MARK: ¿Cuándo?
PETE: Desde que te vi por última vez.
MARK: Esto y aquello.
PETE: Esto y ¿qué?
MARK: Aquello.

(*Pausa.*)

PETE: ¿Querés ir a ver a Len?
MARK: ¿Cuándo? ¿Ahora?
PETE: Sí. Es la hora de visita. (*Pausa.*) ¿Estás ocupado?
MARK: No.

(*Pausa.*)

PETE: ¿Qué pasa?
MARK: ¿Qué?
PETE: ¿Qué pasa?
MARK: ¿Qué querés decir?
PETE: Te pusiste una máscara antigás.
MARK: Yo no.

(*Pausa.*)

PETE (*levantándose*): ¿Listo?
MARK: Sí. (*Se levanta y se va.*)
PETE (*Mientras sale detras de* Mark): Hermoso día. (*Pausa.*) Un poco fresco.

(*La puerta se golpea cuando dejan la casa. Las luces se encienden sobre* Len *en una cama de hospital. Escucha la radio con auriculares.*)
(*Entran* Pete *y* Mark.)

LEN: Llegaron.
PETE (*sentándose en el lado izquierdo de la cama*): Sí.
LEN: Aquí están haciendo todo lo que pueden por mí.
PETE: ¿Y por qué?
LEN: Porque no doy trabajo. (Mark *se sienta en el lado derecho de la cama.*) Me tratan como a un rey. Estas enfermeras me tratan exactamente como si fuese un rey. (*Pausa.*) Mark parece que hubiese agarrado un cangrejo.
MARK: ¿De veras?
PETE: Esta sala está bien aireada.
LEN: Frazadas de la mejor calidad, comida casera, todo lo que puedas pedir. Mirá el cielo raso. Ni demasiado alto, ni demasiado bajo.

(*Pausa.*)

PETE: De paso, Mark, ¿qué pasó con tu pipa?
MARK: No pasó nada.

(*Pausa.*)

LEN: ¿Fumás pipa? (*Pausa.*) ¿Cómo está el tiempo afuera?
PETE: Algo fresco.
LEN: Y, no se esperaba otra cosa.
PETE: Salió el sol.
LEN: ¿Salió el sol? (*Pausa.*) Bueno, Mark, ¿apostaste a la triple esta semana?
MARK: Yo no.

(*Pausa.*)

LEN: ¿Quién maneja la cosa?
PETE: ¿Qué?
LEN: ¿Quién maneja la cosa?
PETE: No me lo preguntés a mí. Estuvimos siempre en esto siempre uno al lado del otro.
LEN: ¿Ustedes qué? (*Pausa.*) ¿Estuvieron siempre en esto uno al lado del otro? (*Pausa.*) ¿Qué hacen sentados en mi cama? No deben sentarse en la cama, ¡deben sentarte en las sillas!
PETE (*levantándose y alejándose*): Bueno, llamame cuando salgas. (*Sale.*)
MARK (*levantándose y siguiéndolo.*) Sí, llamame. (*Sale.*)
LEN (*mientras salen*): ¿Cómo puedo saber que ustedes van a estar en casa?

(*Apagón. Las luces se encienden sobre el departamento de* Mark. Mark *entra y se sienta.* Pete *entra, mira a* Mark, *se sienta.*)

PETE: En esos lugares, las personalidades se vuelven horizontales. Uno es el único vertical. Eso te marea. (*Pausa.*) ¿Alguna vez estuviste internado en uno de esos lugares?
MARK: No lo recuerdo.
PETE: Bien. (*Apaga un cigarrillo, se levanta y sale.*)
MARK: Muy bien. ¿Por qué llamás a mi puerta?
PETE: ¿Qué?
MARK: Dale. ¿Por qué llamás a mi puerta?
PETE: ¿De qué estás hablando?
MARK: ¿Por qué?
PETE: Llamo para verte.
MARK: ¿Qué querés de mí? ¿Por qué venís y querés verme?

PETE: ¿Por qué?
MARK: Estás jugando a un juego doble. Estuviste jugando a un juego doble. Me estuviste usando. Me estuviste tomando el pelo.
PETE: Cuidado donde pisás.
MARK: Me hiciste perder el tiempo. Durante años.
PETE: No me provoques, querido.
MARK: Crees que soy un idiota.
PETE: ¿Eso es lo que pienso?
MARK: Eso es lo que pensás. Pensás que soy un idiota.
PETE: Sos un idiota.
MARK: Siempre lo pensaste.
PETE: Desde el principio.
MARK: Estuviste tomándome el pelo.
PETE: Vos también.
MARK: ¿Sabés lo que sos? Sos una infección.
PETE: No lo creo. Todo lo que debo hacer para destruirte es dejarte ser lo que querés.

(*Sale del cuarto.* Mark *lo mira fijo; sale despacito a medida que la luz disminuye. Las luces se encienden en el centro de la zona baja. Entra* Len.)

LEN: Dejaron de comer. Será una rápida salida cuando suene el silbato. Todas sus pertenencias están apiladas. Han apagado el fuego. Pero yo no escuché nada. ¿Por qué alarmarse? ¿Porqué todo está embalado? ¿Por qué están preparados para irse? Pero no dicen nada. Me dejaron sin un centavo. Y ahora se instalaron para dormitar con los ojos abiertos, cruzados de pierna al lado del fuego. Es insoportable. Me dejaron en la lona. Ni siquiera una podrida salchicha, una sobra de tocino, una hoja de repollo, ni siquiera un pedazo de salamín con moho, como siempre me tiraban en los días en los que contábamos viejas historias a la luz del sol. Están sentados, llenos hasta el hartazgo. Pero huelo una rata. Parecen estar anticipando un plato más exquisito, algo más gustoso. Y este cambio, es un cambio que abarca todo lo mío. El patio que recuerdo está tapado con restos de carne para gato, cojones de chancho, latas, sesos de pájaro, partes de todos los animales pequeños, todo parece una alfombra aplastada que chilla, todos los restos de los enanos desparramados en la mugre, gusanos atrapados en montículos de mierda envenenada, los callejones son un remolino de pis, baba, sangre, y jugo de fruta. Ahora todo está despojado. Todo está limpio. Todo fue fregado. Hay un césped. Hay un arbusto. Hay una flor.

TELÓN FINAL

La colección

Personajes

HARRY, cuarentón
JAMES, treintañero
STELLA, treintañera
BILL, de unos 28 años

OTOÑO

El escenario está dividido en tres zonas; dos penínsulas y un promontorio. Cada zona está separada y es diferente de las otras.

A la izquierda del escenario, casa de Harry *en Belgravia. Interior elegante. Muebles de época. Esta parte comprende living, hall, puerta de entrada y escalera al primer piso. La salida de la cocina se encuentra debajo de la escalera.*

A la derecha del escenario, departamento de James *en Chelsea. Muebles contemporáneos de buen gusto. Esta parte comprende el living solamente. Arriba, entre bastidores, a la derecha, otros cuartos y puerta de entrada.*

En el centro del escenario, en un promontorio, hay una cabina telefónica.

(*La cabina telefónica está iluminada a media luz. Se ve, difusa, una figura dentro de la misma, de espaldas al público. El resto del escenario esta oscuro. En la casa suena el teléfono. Es noche avanzada. La luz en la casa se enciende. La calle se ilumina. Harry se aproxima a la casa, abre la puerta de entrada e ingresa. Prende una luz en el hall, se dirige al living, camina hacia el teléfono y levanta el tubo.*)

HARRY: Hola.
VOZ: ¿Sos vos, Bill?
HARRY: No, está en la cama. ¿Quién es?
VOZ: ¿En la cama?
HARRY: ¿Quién es?
VOZ: ¿Qué hace en la cama?

(*Pausa.*)

HARRY: ¿No se da cuenta de que son las cuatro de la mañana?
VOZ: Bueno, despiértelo. Dígale que quiero hablar con él.
(*Pausa.*)
HARRY: ¿Quién habla?
VOZ: Vaya y despiértelo, sea bueno. (*Pausa.*)
HARRY: ¿Es un amigo?
VOZ: Me conocerá cuando me vea.
HARRY: ¿Ah sí?

(*Pausa.*)

Voz: ¿No va a despertarlo?
Harry: No, no lo haré.

(*Pausa.*)

Voz: Dígale que me volveré a comunicar.

(*La comunicación se corta. Harry cuelga y se queda quieto. La figura abandona la cabina telefónica. Harry camina despacio, entra al hall y sube las escaleras. La luz disminuye hasta el apagón.*)
   Se ilumina el departamento. Es de mañana.
   James, *fumando, entra y se sienta en el sofá.*
   Stella *viene desde un dormitorio cerrando una pulsera en su muñeca. Va hacia el armario, saca un atomizador de su cartera y se coloca perfume en el cuello y las manos. Vuelve a poner el atomizador en su cartera y comienza a calzarse los guantes.*)

Stella: Me voy.
   (*Pausa.*)
   ¿No vas a ir a la oficina hoy?

(*Pausa.*)

James: No.
Stella: Debías encontrarte con esa gente de...
   (*Pausa. Camina lentamente hasta un sillón, toma su saco y se lo pone.*)
   Debías encontrarte con esa gente por ese pedido. ¿Querés que los llame cuando llegue al negocio?

JAMES: Podrías... sí.
STELLA: ¿Qué vas a hacer?
    (*Él la mira con una leve sonrisa, luego desvía la mirada.*)
    Jimmy...
    (*Pausa.*)
    ¿Vas a salir?
    (*Pausa.*)
    ¿Vas a estar... aquí esta noche?

(*James agarra un cenicero de vidrio y tira la ceniza. Mira el cenicero. Stella se da vuelta y sale del cuarto. Se oye golpear la puerta de entrada. James continúa observando el cenicero. La iluminación baja a media luz.*)
    (*Se enciende la luz de la casa. Es de mañana.*
    Bill *trae una bandeja de la cocina y la coloca sobre la mesa, la acomoda, sirve té, se sienta, levanta un diario, lee, bebe.* Harry, *en salto de cama, baja las escaleras, se tropieza y tambalea.*)

BILL (*dándose vuelta*): ¿Qué pasa?
HARRY: ¡Me tropecé con la varilla de la escalera!

(Harry *entra al cuarto.*)

BILL: Está bien.
HARRY: ¡Esa varilla de la escalera!... Prometiste que la ibas a arreglar.
BILL: La arreglé.
HARRY: Bueno, no la arreglaste muy bien.
    (*Se sienta, agarrándose la cabeza.*)
    ¡Ooh!...
    (Bill *le sirve té.*)
    (*En el departamento,* James *apaga su cigarrillo y sale. Las luces se apagan.*)

(*En la casa*, Harry *toma el té; luego apoya la taza.*)
¿Dónde está mi jugo de fruta? Me falta el jugo de fruta.
(Bill *mira el jugo de fruta en la bandeja.*)
¿Qué hace ahí?
(Bill *se lo da*. Harry *bebe.*)
¿Qué es esto? ¿Ananá?
BILL: Pomelo.

(*Pausa.*)

HARRY: Estoy harto de esa varilla de la escalera. ¿Por qué no la atornillás o hacés algo? Se supone... se supone que estás en condiciones de usar tus manos.

(*Pausa.*)

BILL: ¿A qué hora llegaste?
HARRY: A las cuatro.
BILL: ¿Linda la fiesta?

(*Pausa.*)

HARRY: No hiciste tostadas esta mañana.
BILL: No, ¿querés?
HARRY: No, no quiero.
BILL: Puedo hacerte si querés.
HARRY: Está bien. No te molestes.
   (*Pausa.*)
¿Como va a ser tu día hoy?
BILL: Voy a salir y ver una película, supongo.
HARRY: ¡Qué buena vida te das! (*Pausa.*) ¿Sabés que un trastornado te llamó por teléfono anoche?
   (Bill *lo mira.*)

Justo cuando llegaba. Eran las cuatro. Entré por la puerta y el teléfono estaba sonando.

BILL: ¿Quién era?

HARRY: No tengo idea.

BILL: ¿Qué quería?

HARRY: A vos. Era tímido. No quiso decirme su nombre.

BILL: ¡Ahá!

(*Pausa.*)

HARRY: ¿Quién puede haber sido?

BILL: No tengo idea.

HARRY: Era muy insistente. Dijo que se volvería a comunicar. (*Pausa.*) ¿Quién carajo era?

BILL: Ya te lo dije… no tengo la más remota idea.

(*Pausa.*)

HARRY: ¿Conociste a alguien la semana pasada?

BILL: ¿Qué es lo que querés decir con "conociste a alguien"?

HARRY: Quiero decir, ¿no podría ser alguno de los que conociste? Debés haberte encontrado con mucha gente.

BILL: No hablé con nadie.

HARRY: Debe haber sido triste para vos.

BILL: Sólo estuve fuera una noche, ¿no? ¿Más té?

HARRY: No, gracias.

    (Bill *se sirve té.*)

    (*La cabina de teléfono se ilumina a media luz, y se observa que ingresa una figura.*)

Debo afeitarme.

(Harry *se sienta mirando a* Bill, *quien está leyendo el diario. Después de un momento* Bill *levanta la vista.*)

BILL: ¿Mmmm?
(*Silencio.* Harry *se para, abandona la habitación y sube las escaleras, pasando cuidadosamente por sobre la varilla.* Bill *lee el diario. Suena el teléfono.* Bill *levanta el tubo.*)
¡Hola!
VOZ: ¿Es usted, Bill?
BILL: ¿Sí?
VOZ: Así que está en casa.
BILL: ¿Quién es?
VOZ: No se mueva de ahí. Enseguida voy.
BILL: ¿Qué quiere decir? ¿Quién es?
VOZ: En unos dos minutos. ¿Está bien?
BILL: No puede hacer eso. Estoy con gente.
VOZ: No importa. Podemos ir a otro cuarto.
BILL: Esto es ridículo. ¿Lo conozco?
VOZ: Me va a conocer cuando me vea.
BILL: ¿Usted me conoce a mí?
VOZ: Quédese donde está. Voy enseguida.
BILL: ¿Pero qué es lo que quiere, quién...? No puede hacer eso. Estoy por salir. No voy a estar en casa.
VOZ: Hasta luego.

(*La comunicación se corta.* Bill *apoya el tubo.*
La luz en la cabina de teléfono se apaga mientras la figura sale de la misma y se dirige hacia la izquierda.
Bill *se pone el saco, va al hall, se pone el sobretodo, enérgicamente pero sin apuro, abre la puerta de entrada y sale. Se va por la derecha. Se oye la voz de* Harry *desde arriba.*)

HARRY: ¿Bill, sos vos?
(*Aparece arriba, en la escalera.*)
¡Bill!

(*Baja al living, se queda de pie, mira la bandeja, la agarra y la lleva a la cocina.*)
(James *aparece desde la izquierda, por la calle, y mira la casa.*)
(Harry *sale de la cocina, entra al hall y sube por las escaleras.*)
(James *toca el timbre.*)
(Harry *baja la escalera y abre la puerta.*)

¿Sí?
JAMES: Busco a Bill Lloyd.
HARRY: Salió. ¿Puedo ayudarlo?
JAMES: ¿Cuándo vuelve?
HARRY: No sé. ¿Él lo conoce?
JAMES: Intentaré en otro momento, entonces.
HARRY: Bueno, si usted quiere dejarle su nombre, yo se lo comunico cuando lo vea.
JAMES: No, está bien. Sólo dígale que vine.
HARRY: ¿Decirle que vino quién?
JAMES: Lamento molestarlo.
HARRY: Espere un momento. (James *se da vuelta.*) ¿No es usted el hombre que llamó por teléfono anoche? ¿No era usted?
JAMES: ¿Anoche?
HARRY: ¿No llamó temprano esta mañana?
JAMES: No... lo siento...
HARRY: Bueno, ¿qué es lo que quiere?
JAMES: Quiero ver a Bill.
HARRY: Por casualidad, ¿no fue usted quien llamó hace unos instantes?
JAMES: Creo que se equivoca de persona.
HARRY: Yo creo que el que se equivoca es usted.
JAMES: Creo que usted no sabe nada del asunto.

(James *se da vuelta y sale. Harry se queda mirándolo.*)

(*Las luces bajan hasta apagarse.*)
(*La luz de la luna ilumina el departamento.*)
(*La puerta de entrada del departamento se cierra.*)
(*Stella entra, se detiene, prende una lámpara. Gira en dirección de los otros cuartos.*)

STELLA: ¿Jimmy?

(*Silencio.*)
(*Se saca los guantes, apoya su cartera y se queda quieta. Va hacia el tocadiscos y pone un disco. Es "Charlie Parker". Escucha y luego sale para el dormitorio.*)
(*Se enciende la luz en la casa. Es de noche.*)
(*Bill ingresa al living desde la cocina, con revistas. Las tira junto a la chimenea, va hacia la mesa de las bebidas y se sirve un trago; luego se acuesta en el piso, con la copa en la mano, junto a la chimenea. Hojea una revista. Stella vuelve al living con un gatito persa blanco. Se recuesta en el sofá con el, hocicándolo. Harry baja la escalera, mira a* Bill, *sale y camina por la calle subiendo hacia la derecha. Bajando desde la izquierda,* James *llega hasta la puerta de entrada de la casa. Sigue con la mirada a* Harry *y toca el timbre.* Bill *se para y va hacia la puerta.*)
(*En el departamento baja la luz a la mitad y se apaga la música.*)

BILL: ¿Sí?
JAMES: ¿Bill Lloyd?
BILL: ¿Sí?
JAMES: ¡Oh!, quisiera..., quisiera hablar unas palabras.

(*Pausa.*)

BILL: Lo lamento, ¡no creo conocerlo!

JAMES: ¿De veras?
BILL: No.
JAMES: Bueno, hay algo que quisiera hablar.
BILL: Lo lamento mucho, estoy ocupado.
JAMES: No le llevará mucho tiempo.
BILL: Lo lamento muchísimo. Quizás pueda escribírmelo en un papel y enviármelo.
JAMES: Eso no es posible.

(*Pausa.*)

BILL (*cerrando la puerta*): Perdóneme.
JAMES (*trabando la puerta con su pie*): Mire. Quiero hablar con usted.

(*Pausa.*)

BILL: ¿Me llamó hoy por teléfono?
JAMES: Así es. Yo lo llamé, pero usted había salido.
BILL: ¿Llamó aquí? No lo sabía.
JAMES: Mejor entro. ¿No le parece?
BILL: Usted no puede irrumpir así en la casa de nadie. ¿Qué es lo que quiere?
JAMES: ¿Por qué no deja de perder el tiempo y me permite entrar?
BILL: Puedo llamar a la policía.
JAMES: No vale la pena.

(*Se miran fijamente.*)

BILL: Muy bien.

(James *entra.* Bill *cierra la puerta.* James *atraviesa el hall y va al living.* Bill *lo sigue.* James *da una ojeada al cuarto.*)

JAMES: ¿Tendrá alguna aceituna?
BILL: ¿Cómo sabía mi nombre?
JAMES: ¿No tiene aceitunas?
BILL: ¿Aceitunas? No, no tengo.
JAMES: ¿Quiere decir que no tiene aceitunas para sus invitados?
BILL: Usted no es mi invitado; es un intruso. ¿Qué es lo que quiere?
JAMES: ¿Le molestaría si me siento?
BILL: Sí, me molestaría.
JAMES: Ya lo superará.

(James *se sienta.* Bill *queda parado.* James *se levanta, se saca el sobretodo, lo tira encima de un sillón y se vuelve a sentar.*)

BILL: ¿Cuál es su nombre, viejo?

(James *va hacia una fuente con fruta, desprende una uva, y la come.*)

JAMES: ¿Dónde tiro las semillas?
BILL: En su billetera.

(James *saca su billetera y coloca en ella las semillas. Mira a* Bill.)

JAMES: Usted tiene buena pinta, muchacho.
BILL: ¡Oh!, gracias.
JAMES: No es una estrella de cine, pero no tiene mala pinta.
BILL: Eso es más de lo que yo puedo decir de usted.
JAMES: No me interesa lo que usted pueda decir de mí.
BILL: Para decirlo francamente, viejo, esto me interesa

mucho menos que a usted. Bueno, mire, dígame de una vez qué es lo que quiere.

(James *se para, va hacia la mesa de las bebidas y mira fijo las botellas. En el departamento* Stella *se levanta con el gatito y sale lentamente, hocicándolo. La luz en el departamento baja hasta el apagón.* James *se sirve whisky.*)

¡Salud!

JAMES: ¿Lo pasó bien en Leeds la semana pasada?

BILL: ¿Qué?

JAMES: ¿Lo pasó bien en Leeds la semana pasada?

BILL: ¿En Leeds?

JAMES: ¿Se divirtió?

BILL: ¿Qué lo hace suponer que estuve en Leeds?

JAMES: Cuénteme todo. ¿Conoció bien la ciudad? ¿Llegó a salir al campo?

BILL: ¿De qué habla?

(*Pausa.*)

JAMES (*agotado*): Ahá. Usted estuvo allí para la muestra de ropa. Llevó algunos modelos suyos.

BILL: ¿Ah, sí?

JAMES: Paró en el Hotel Westbury.

BILL: ¿Sí?

JAMES: Habitación 142.

BILL: ¿142? ¡Oh! ¿Era cómoda?

JAMES: Bastante cómoda.

BILL: Ah, ¡qué bien!

JAMES: Se había llevado el pijama amarillo.

BILL: ¿En serio? ¿Ese con las iniciales en negro?

JAMES: Sí, lo tenía puesto en la 165.

BILL: ¿En cuál?

JAMES: 165.

BILL: ¿165? Yo creí que era en la 142.

JAMES: Reservó la 142, pero no se quedó allí.

BILL: Bueno, eso es bastante estúpido, ¿no? Reservar una habitación y no usarla...
JAMES: La 165 queda justo en el mismo pasillo que la 142; no están lejos una de otra.
BILL: ¡Qué bien! Es un alivio.
JAMES: Es fácil volver de un salto para afeitarse.
BILL: ¿Desde la 165?
JAMES: Sí.
BILL: ¿Qué es lo que estuve haciendo ahí?
JAMES (*sin darle importancia*): Ahí estaba mi esposa. Ahí fue donde usted durmió con ella.

(*Silencio.*)

BILL: Bueno... ¿Quién le contó eso?
JAMES: Ella.
BILL: Debe consultar con el médico.
JAMES: Tenga cuidado.
BILL: ¿Mmmmm? ¿Y quién es su esposa?
JAMES: Usted la conoce.
BILL: No me parece.
JAMES: ¿No?
BILL: No, no lo creo para nada.
JAMES: Ya veo.
BILL: No estuve ni cerca de Leeds la semana pasada, viejo. Ni tampoco cerca de su esposa. Estoy muy seguro de eso. Aparte de que yo... bueno, no hago esas cosas. No acostumbro.
    (*Pausa.*)
    Ni en sueños haría una cosa así. Bueno, creo que con esto se termina el tema, ¿no le parece?
JAMES: Venga. Le quiero decir una cosa.
BILL: Llegarán visitas en cualquier momento. Cocktails. Me postularé para el Congreso de la próxima temporada.

JAMES: Venga aquí.
BILL: Seré Ministro del Interior.

(James *se le acerca*.)

JAMES (*Confidencialmente*): Ya que trata a mi mujer como a una puta, creo que tengo derecho a saber qué es lo que puede decir al respecto.
BILL: Si yo no conozco a su esposa.
JAMES: Sí que la conoce. La conoció a las diez el viernes pasado en el salón del hotel. Comenzaron a conversar, la invitó con algunas copas, subieron juntos en el ascensor. En el ascensor usted no le sacó la vista de encima, descubrieron que estaban los dos en el mismo piso, la ayudó a salir tomándola del brazo. Usted se detuvo con ella en el pasillo, mirándola. Le tocó el hombro, se despidió, fue a su habitación, ella fue a la de ella y usted a la suya; se puso el pijama amarillo y un salto de cama negro, caminó por el pasillo y golpeó a su puerta, usted había olvidado su pasta dentífrica en la ciudad. Ella abrió la puerta, y usted entró. Ella todavía estaba vestida. usted admiró la habitación, ¡era tan femenina! Estaba muy despierto, se le había ido el sueño, se sentó, sobre la cama. Ella quería que se fuera; usted no quiso. Ella se sintió molesta, usted la comprendió, lejos de su hogar, en un viaje de negocios, vida horrible, especialmente para una mujer, usted la consoló, la tranquilizó y se quedó.

(*Pausa*.)

BILL: Mire, ¿le molestaría... irse ahora? Me está dando dolor de cabeza.
JAMES: Usted sabía que ella era casada... ¿Por qué se vio en la necesidad de... hacer eso?

BILL: Ella también debió saber que era casada. ¿Por qué se vio en la necesidad de... hacer lo que hizo?
(*Pausa.*)
(*Con una risita.*) ¿Lo pesqué, eh?
(*Pausa.*)
Bueno, mire, en realidad no es otra cosa que una gran estupidez. Usted lo sabe.
(Bill *va hacia el estuche de cigarrillos y prende uno.*)
¿Se supone que ella debía resistirse a mí?
JAMES: Un poco.
BILL: ¿Sólo un poco?
JAMES: Sí.
BILL: ¿Usted le cree a ella?
JAMES: Sí.
BILL: ¿Todo lo que dice?
JAMES: Seguro.
BILL: ¿Mordió?
JAMES: No.
BILL: ¿Arañó?
JAMES: Un poco.
BILL: Usted tiene una mujer abnegada, ¿no? Lo mantiene bien informado, hasta en los más mínimos detalles. Ella arañó un poco, ¿no es cierto? ¿Dónde? (*Levanta una mano.*) ¿En la mano? No hay cicatriz. No existe cicatriz en ninguna parte. Absolutamente sin cicatriz. Podemos ir a ver a un escribano, si quiere. Me desvestiré, y le mostraré mi cuerpo sin cicatrices. Sí, lo que necesitamos es un testigo independiente. ¿Usted tiene alguna mucama que esté de su parte, o algo así?

(James *aplaude brevemente.*)

JAMES: Usted es gracioso, ¿no es cierto? No pensé que fuese tan bromista. Realmente, tiene sentido del humor. ¿Sabe como lo llamaría?

BILL: ¿Cómo?

JAMES: Un pícaro.

BILL: Oh, muchas gracias.

JAMES: No, me complace hacer un cumplido cuando corresponde. ¿Podríamos tomar una copa?

BILL: Es usted muy bueno.

JAMES: ¿Qué toma?

BILL: ¿Tiene vodka?

JAMES: Veamos. Sí, creo que vamos a encontrar vodka para usted.

BILL: ¡Oh, de rechupete!

JAMES: Repita eso.

BILL: ¿Qué?

JAMES: Esa palabra.

BILL: ¿De rechupete?

JAMES: Eso.

BILL: Rechupete.

JAMES: Maravilloso. Usted probablemente recuerde eso de la escuela, ¿no es cierto?

BILL: Ahora que lo menciona, puede que sea así.

JAMES: Sí, me pareció. Aquí está su vodka.

BILL: ¡Qué generosidad!

JAMES: En absoluto. Salud. (*Beben*.)

BILL: Salud.

JAMES: Eh, venga para acá.

BILL: ¿Qué?

JAMES: Estoy convencido de que usted generalmente tiene mucho éxito en las fiestas.

BILL: Bueno, es lindo escucharlo, pero yo no diría que tengo tanto éxito.

JAMES: Vamos, estoy seguro que sí. (*Pausa*.)

BILL: Usted cree que soy exitoso, ¿no es cierto?

JAMES: Creo que lo es en las fiestas.
BILL: No, en realidad no creo que sea para tanto. En cambio, sí lo es el tipo con el que comparto la casa.
JAMES: Ah, me encontré con él. Me pareció un tipo jovial.
BILL: Sí, es muy bueno en las fiestas. Tiene algo de mago.
JAMES: ¿Qué, conejos?
BILL: Bueno, no precisamente conejos.
JAMES: ¿No usa conejos?
BILL: No. En realidad no le gustan los conejos. Le dan alergia.
JAMES: Pobre tipo.
BILL: Sí, es una lástima.
JAMES: ¿Consultó a un médico?
BILL: Oh, lo padece desde que era así de alto.
JAMES: ¿Se crió en el campo, supongo?
BILL: En cierto sentido, sí.
 (*Pausa.*)
Bueno, viejo, fue un placer conocerlo. Tiene que volver cuando el tiempo mejore.
 (James *hace un repentino movimiento hacia adelante.* Bill *retrocede y cae por sobre un puf al suelo. Risita de* James. *Pausa.*)
Me hizo derramar el trago. Hizo que lo derramara sobre mi chaqueta.
 (James *esta parado sobre él.*)
Me sería fácil patearlo desde aquí.
 (*Pausa.*)
¿Dejará que me levante?
 (*Pausa.*)
¿Dejará que me levante?
 (*Pausa.*)
Escuche… tengo que decirle algo.
 (*Pausa.*)
Si usted me dejara levantar…

(*Pausa.*)
No estoy muy cómodo.
(*Pausa.*)
Si usted me dejara levantar... yo le diría... le diría la verdad...

(*Pausa.*)

JAMES: Dígame la verdad desde ahí.
BILL: No, no. Cuando me haya levantado.
JAMES. Dígamela desde ahí.

(*Pausa.*)

BILL: Bueno. Sólo se lo cuento porque estoy totalmente aburrido... La verdad... es que nunca pasó... bueno, por lo menos lo que usted dijo. No sabía que ella estaba casada. Nunca me lo dijo. Nunca dijo una palabra. Nada de eso... sucedió, se lo puedo asegurar. Todo lo que pasó fue... usted en realidad tuvo razón en que subimos en el ascensor... nosotros... salimos del ascensor y de repente la tenía entre mis brazos. Realmente no fue culpa mía, nada estaba más lejos de mi mente, fue la mayor sorpresa de mi vida. De repente le tengo que haber parecido terriblemente atractivo, no lo sé... pero yo... yo no me negué. De todas maneras sólo nos besamos un poco, sólo durante algunos minutos, al lado del ascensor, nadie a la vista, y eso fue todo; ella fue a su habitación.
(*Se levanta del puf.*)
El resto simplemente no sucedió. Quiero decir que yo no haría una cosa así. Quiero decir, ese tipo de cosa... Eso no significa nada. Puedo entender que usted esté enojado, por supuesto, pero honestamente no hubo

nada más. Sólo algunos besos. (Bill *se levanta limpiando su chaqueta.*) Lo siento muchísimo, realmente, quiero decir que no tengo idea de por qué ella inventó todo eso. Pura fantasía. Realmente se portó mal. Es más bien exagerado. (*Pausa.*) ¿Usted la conoce bien?

JAMES: Y entonces a eso de la medianoche usted fue al baño privado de ella y se bañó. Usted cantaba "Cruzando por el campo de centeno". Usó su toalla de baño. Luego caminó por el cuarto con su toalla de baño, haciendo como si fuese un romano.

BILL: ¿Eso hice?

JAMES: Ahí fue cuando llamé por teléfono.

(*Pausa.*)

Hablé con ella. Le pregunté como estaba. Me dijo que estaba bien. Su voz era un poco apagada. Le pedí que hablara más alto. No tenía mucho que contarme. Usted estaba sentado sobre la cama, al lado de ella.

(*Silencio.*)

BILL: Sentado no, acostado.

(*Apagón.*)
(*Campanas de iglesia.*)
(*Luz fuerte sobre el departamento y la casa.*)
(*Domingo de mañana.*)
(James *está sentado solo en el living del departamento, leyendo el diario.* Harry y Bill *están sentados en el living de la casa.* Bill *lee el diario. Los dos tienen una taza de café delante.*)
(Harry *lo observa.*)
(*Silencio.*)
(*Campanas de iglesia.*)
(*Silencio.*)

HARRY: Dejá ese diario.
BILL: ¿Qué?
HARRY: Dejalo.
BILL: ¿Por qué?
HARRY: Ya lo leíste.
BILL: No, no lo hice. Me queda mucho por leer.
HARRY: Te dije que lo dejaras.

   (Bill *lo mira, le tira el diario fríamente y se para.*)
   (Harry *lo levanta y lee.*)

BILL: Ah, lo que querías era tenerlo vos, ¿no es cierto?
HARRY: ¿Que quería tenerlo? No, no quería.
   (Harry *arruga el diario deliberadamente y lo deja caer.*)
   No lo quiero. ¿Lo querés vos?
BILL: Estás un poco raro esta mañana, ¿no?
HARRY: ¿Te parece?
BILL: Sí, yo diría.
HARRY: Bueno, sabés lo que pasa, ¿no?
BILL: No.
HARRY: Son las campanas de la iglesia. Vos sabés cómo me ponen las campanas de la iglesia. Sabés cómo me afectan.
BILL: Yo nunca las oigo.
HARRY: Vos no sos el tipo de persona a quien le podría afectar, ¿no te parece?
BILL: Me parece que todo esto es bastante idiota.

   (Bill *se agacha para tomar el diario.*)

HARRY: No toques ese diario.
BILL: ¿Por qué no?
HARRY: No lo toques.

(Bill *lo mira fijo y después, despacito, levanta el diario.*)
(*Silencio.*)
(*Se lo tira a* Harry.)

BILL: Acá lo tenés. No lo quiero.

(Bill *sale y sube las escaleras.* Harry *abre el diario y lo lee.*)
(*En el departamento* Stella *entra con una bandeja con café y galletitas. Coloca la bandeja sobre la mesa para café y le pasa una taza a* James. *Ella bebe.*)

STELLA: ¿Querés una galletita?
JAMES: No, gracias.

(*Pausa.*)

STELLA: Yo voy a comer una.
JAMES: Vas a engordar.
STELLA: ¿Por las galletitas?
JAMES: ¿No querrás engordar, no?
STELLA: ¿Por qué no?
JAMES: A lo mejor, sí.
STELLA: No es una de mis metas.
JAMES: ¿Cuáles son tus metas?
 (*Pausa.*)
 Querría una aceituna.
STELLA: ¿Aceituna? No tenemos.
JAMES: ¿Cómo sabés?
STELLA: Yo sé.
JAMES: ¿Fuiste a mirar?
STELLA: No necesito mirar, yo sé lo que tengo.
JAMES: ¿Sabés lo que tenés?
 (*Pausa.*)

¿Por qué no tenemos aceitunas?
STELLA: Yo no sabía que te gustaban.
JAMES: Ese debe ser el motivo por el que nunca tuvimos en casa. Simplemente nunca estuviste interesada lo suficiente por las aceitunas como para preguntarme si a mí me gustaban o no.

(*Suena el teléfono en la casa. Harry baja el diario y lo atiende. Bill está bajando las escaleras. Quedan parados frente a frente un momento. Harry levanta el tubo. Bill ingresa, levanta el diario y se sienta.*)

HARRY: Hola. ¿Qué? No. Número equivocado. (*Cuelga.*) Número equivocado. ¿Quién pensás que puede haber sido?
BILL: No pensé.
HARRY: Ah, de paso, ayer te llamó un tipo.
BILL: ¿Ah, sí?
HARRY: Justo cuando te habías ido.
BILL: ¿Ah, sí?
HARRY: Bueno, llegó la hora de comer. ¿Papas asadas o papas fritas?
BILL: No quiero papas, gracias.
HARRY: ¿No querés papas? Qué cosa extraordinaria. Sí, ese tipo, preguntó por vos, te quería hablar.
BILL: ¿Para qué?
HARRY: Quería saber si alguna vez limpiaste tus zapatos con un producto para lustrar muebles.
BILL: ¿De veras? Qué extraño.
HARRY: No es extraño. Será algún tipo de encuesta nacional.
BILL: ¿Qué pinta tenía?
HARRY: Oh... cabello color limón, dientes manchados de marrón, una pierna ortopédica, ojos verde botella y un postizo. Lo ¿conocés?

BILL: Nunca lo vi.
HARRY: Lo conocerías si lo vieras.
BILL: Lo dudo.
HARRY: ¿Qué, un hombre con ese aspecto?
BILL: Hay muchos hombres así.
HARRY: Eso es cierto. Es muy cierto. Lo único que sucede es que ese fue el hombre que estuvo aquí anoche.
BILL: ¿Estuvo? No lo vi.
HARRY: Oh, sí, estuvo aquí, pero tengo la rara sensación de que llevaba una careta. Era el mismo hombre, pero usaba una careta, eso es todo. No bailó aquí anoche, ni hizo gimnasia, ¿no es cierto?
BILL: Nadie bailó aquí anoche.
HARRY: Ahá. Bueno, es por eso que no notaste su pierna ortopédica. Yo no pude dejar de verla cuando pasé por la puerta de entrada. Porque él estaba parado totalmente desnudo en el escalón superior. Sin embargo no parecía tener mucho frío. Tenía una bolsa de agua caliente bajo su brazo en lugar de un sombrero.
BILL: Verdaderamente esas campanadas de la iglesia te dejaron una marca.
HARRY: No ayudaron, pero el nudo de la cuestión, viejo, es que no me gusta que vengan extraños a mi casa sin ser invitados. (*Pausa.*) ¿Quién es este hombre y qué es lo que quiere?

(*Pausa. Bill se levanta.*)

BILL: ¿Me perdonás? Creo que es hora de que me vista, ¿no crees?
(Bill *sube las escaleras.*)
(Harry, *después de un momento, se da vuelta y lo sigue. Sube despacito las escaleras.*)
(*Baja la luz en la casa, totalmente.*)

(*En el departamento* James *sigue leyendo el diario.* Stella *está sentada en silencio.*)
(*Silencio.*)

STELLA: ¿Qué te parece si hoy salimos a correr... por el campo?

(*Pausa.* James *baja el diario.*)

JAMES: Tomé una decisión.
STELLA: ¿Qué?
JAMES: Voy a ir a verlo.
STELLA: ¿Verlo? ¿A quién? (*Pausa.*) ¿Para qué?
JAMES: Oh..., para charlar con él.
STELLA: ¿Cuál es el sentido?
JAMES: Creo que me gustará.
STELLA: Es que yo no veo... qué es lo que ganarías con eso. ¿Cuál es el sentido?
　(*Pausa.*)
¿Qué es lo que vas a hacer, pegarle?
JAMES: No, no. Sólo me gustaría escuchar lo que tiene que decir.
STELLA: ¿Por qué?
JAMES: Quiero conocer su posición.

(*Pausa.*)

STELLA: Él no tiene importancia.
JAMES: ¿Qué querés decir?
STELLA: Él no es importante.
JAMES: ¿Querés decir que cualquiera hubiera sido lo mismo? ¿Querés decir que por casualidad fue él, pero que también hubiera podido ser cualquier otro?
STELLA: No.

JAMES: ¿Entonces qué?
STELLA: Por supuesto que no hubiera podido ser cualquiera. Fue él. Fue justo... algo que...
JAMES: Eso es lo que quiero decir. Fue él. Por eso creo que vale la pena ir a verlo. Quiero saber cómo es. Será instructivo, didáctico.

(*Pausa.*)

STELLA: Por favor, no vayas a verlo. De todos modos, no sabés dónde vive.
JAMES: ¿Entonces pensás que no debo verlo?
STELLA: Eso no hará... que te sientas mejor.
JAMES: Quiero ver si cambió.
STELLA: ¿Qué querés decir?
JAMES: Quiero ver si cambió desde la última vez. Se puede haber venido abajo desde que lo vi por ultima vez. Sin embargo debo admitir que parecía estar en buenas condiciones.
STELLA: Nunca lo viste.
   (*Pausa.*)
   No lo conocés.
   (*Pausa.*)
   Si no sabés dónde vive...
   (*Pausa.*)
   ¿Cuándo lo viste?
JAMES: Cenamos juntos anoche.
STELLA: ¿Qué?
JAMES: Es un espléndido anfitrión.
STELLA: No lo creo.
JAMES: ¿Estuviste alguna vez en su casa?
   (*Pausa.*)
   Es muy linda. ¿Estuviste alguna vez?
STELLA: Lo conocí en Leeds, eso es todo.

JAMES: ¡Ah!, Eso es todo. Bueno, tenemos que ir a su casa alguna noche. No puedo negar que la comida es buena. Me pareció encantador.
 (*Pausa.*)
 Se acordaba bien de lo que pasó. Fue absolutamente franco, como un hombre respetable, íntegro. Confirmó toda tu historia.

STELLA: ¿Sí?

JAMES: Mmmm. Lo único que... más bien dejó entrever, que fuiste vos la que lo buscó. Por supuesto, es una forma absolutamente masculina de decir las cosas.

STELLA: Es una mentira.

JAMES: Sabés como son los hombres. Le recordé que te resististe, y que te asqueó todo el asunto, pero que estuviste –¿cómo se puede decir?– como hipnotizada por él; eso pasa algunas veces. Estaba de acuerdo con que puede pasar algunas veces. Me contó que una vez un gato lo hipnotizó. Sin embargo, no entró en más detalles. Debo admitir, también, que hicimos buenas migas. Tenemos los mismos intereses. Tomando cognac es de lo más divertido.

STELLA: No me interesa.

JAMES: De hecho, todo este asunto lo divirtió mucho.

STELLA: ¿De veras?

JAMES: Pero especialmente, mientras tomábamos cognac. Sus puntos de vista son correctos, ¿sabés? Como hombre, tengo que admirarlo.

STELLA: ¿Cuál es su posición?

JAMES: ¿Cuál es tu posición?

STELLA: No sé adonde querés llegar... Justamente no sé adonde querés llegar... yo sólo... Tenía la esperanza de que entendieras...

(*Se cubre la cara, llorando.*)

JAMES: Bueno, sí entiendo, pero recién después de haber estado con él. Ahora estoy totalmente feliz. Lo puedo ver de los dos lados, de tres lados, de todos los lados... de cada uno de los lados. Está perfectamente claro, no tiene nada de particular, todo volvió a la normalidad. La única diferencia es que me encontré con un hombre al que puedo respetar. Eso no pasa con frecuencia; no es frecuente que eso pase, y realmente supongo que es a vos a quien se lo tengo que agradecer.
(*Se inclina hacia adelante y le palmea el brazo.*)
Gracias.
(*Pausa.*)
Me hace recordar a un tipo con el que fui a la escuela. Hawkins. Honestamente, me hizo recordar a Hawkins. Hawkins también era un fanático de la ópera. Así es este... ¿cómo se llama? Yo también soy un poco fanático de la ópera. Siempre lo mantuve en estricto secreto. Puede ser que alguna noche vaya con tu amigo a la ópera. Dice que siempre puede conseguir entradas gratis. Conoce a algunos de esos tipos. Tal vez pueda ubicar al viejo amigo Hawkins e invitarlo a que él también vaya. Es un tipo muy culto, tu amigo. Creo que es muy inteligente. Tiene una colección de jarrones chinos fijados a una pared, que le deben haber costado por lo menos mil quinientos cada uno. Bueno, no se puede evitar observar una cosa así. Quiero decir, que no se puede negar que es un hombre de buen gusto. En eso se pasa. Bueno, supongo que él te impresionó de la misma forma. Más bien debo darte las gracias. Después de dos años de matrimonio me parece, sin embargo, que por accidente abriste todo un nuevo mundo para mí.

(*La luz desciende hasta el apagón.*)

LA COLECCIÓN

(*Sube en la casa. Es de noche.*)
(Bill *viene de la cocina con una bandeja con aceitunas, queso, papas fritas, y una radio portátil en la que suena Vivaldi, muy despacito. Coloca la bandeja sobre la mesa, arregla los almohadones y come una papa frita.* James *aparece en la puerta de entrada y toca el timbre.* Bill *va hacia la puerta, la abre y* James *entra. En el hall ayuda a* James *a sacarse el sobretodo.* James *entra en el cuarto,* Bill *lo sigue.* James *observa que en la bandeja hay aceitunas y sonríe.* Bill *sonríe.* James *va hacia los jarrones chinos y los estudia.* Bill *sirve copas. Suena el teléfono en el departamento.*)
(*En el departamento sube la luz. Es de noche. La cabina de teléfono se ilumina a media luz.*)
(*En la cabina se adivina una figura.* Stella *entra desde el dormitorio, llevando el gatito. Va al teléfono.* Bill *alcanza una copa a* James. *Beben.*)

STELLA: Hola.
HARRY: ¿Es usted, James?
STELLA: ¿Qué? No, no es. ¿Quién habla?
HARRY: ¿Dónde está James?
STELLA: Salió.
HARRY: ¿Salió? Bueno, está bien. Voy para allá.
STELLA: ¿Qué me está diciendo? ¿Quién es usted?
HARRY: No salga.

(*La comunicación se corta.* Stella *apoya el tubo y se sienta erguida con el gatito en la silla.*)
(*La iluminación en el departamento queda a media luz.*)
(*Hay apagón en la cabina de teléfono.*)

JAMES: ¿Sabés una cosa? Me hacés acordar a un tipo que conocí una vez. Hawkins. Sí. Era un tipo bastante alto.

BILL: ¿Era alto?
JAMES: Sí.
BILL: ¿Y por qué te hago acordar a él?
JAMES: Era un bromista... (*Pausa.*)
BILL: ¿Así que era alto?
JAMES: Sí... Eso era.
BILL: Bueno, vos no sos petiso.
JAMES: No soy alto.
BILL: Bastante ancho.
JAMES: Eso no hace que sea alto.
BILL: Nunca dije que lo hiciera.
JAMES: Bueno, ¿qué es lo que estás diciendo?
BILL: Nada. (*Pausa.*)
JAMES: Tampoco diría que soy ancho.
BILL: Bueno, sólo te ves a vos mismo en el espejo, ¿eh?
JAMES: Eso me basta.
BILL: Engañan.
JAMES: ¿Los espejos?
BILL: Y mucho.
JAMES: ¿Tenés uno?
BILL: ¿Qué?
JAMES: Un espejo.
BILL: Hay uno justo enfrente tuyo.
JAMES: Lo veo.

 (James *se mira al espejo.*)
Vení acá, mirate vos también.
 (Bill *se para a su lado y mira. Miran juntos. Después* James *va hacia la izquierda del espejo y vuelve a observar el reflejo de* Bill.)
No creo que los espejos engañen.

 (James *se sienta.* Bill *sonríe y sube la radio. Se quedan sentados escuchando.*)
 (*La iluminación, en la casa, baja a media luz y la radio se apaga.*)

(*Sube la luz, a pleno, en el departamento.*)
(*Suena el timbre de la puerta.*)
(Stella *se levanta y va a la puerta de entrada. Se oyen voces apagadas.*)

STELLA: ¿Sí?
HARRY: ¿Cómo le va? Mi nombre es Harry Kane. Me gustaría tener una charla con usted. No es para asustarse. ¿Puedo entrar?
STELLA: Sí.
HARRY (*entrando*): ¿Aquí?
STELLA: Sí.

(*Entran en el cuarto.*)

HARRY: ¡Qué hermosa lámpara!
STELLA: ¿Qué es lo que desea?
HARRY: ¿Usted conoce a Bill Lloyd?
STELLA: No.
HARRY: Oh, ¿no lo conoce?
STELLA: No.
HARRY: ¿No lo conoce personalmente?
STELLA: No lo conozco.
HARRY: Lo encontré en un tugurio ¿sabe?, por casualidad. Justo yo estaba en ese lugar y él también. Enseguida me di cuenta de que tenía talento. Le conseguí un techo, un trabajo, y terminó triunfando. Fuimos muy amigos durante años.
STELLA: ¿Ah, sí?
HARRY: Usted seguramente oyó hablar de él, de su reputación. Es un diseñador de modas.
STELLA: Sí, oí hablar de él.
HARRY: Los dos son diseñadores de modas.
STELLA: Sí.

HARRY: ¿No pertenecerá usted al Club de Trapos y Bolsas, no?
STELLA: ¿El qué?
HARRY: El Club de Trapos y Bolsas. Creo haberla visto allí.
STELLA: No, no lo conozco.
HARRY: ¡Qué lástima! Le gustaría.
(*Pausa.*)
Sí.
(*Pausa.*)
Vine por el tema de su esposo.
STELLA: ¿Ahá?
HARRY: Sí, estuvo molestando a Bill últimamente, con una historia muy fantasiosa.
STELLA: La conozco y lo lamento mucho.
HARRY: ¿Oh, usted sabe? Bueno, realmente fue muy molesto, quiero decir que el muchacho debe seguir con su trabajo. Este tipo de cosas entorpece su tarea.
STELLA: Lo lamento. ¡Qué... mala suerte!
HARRY: Sí, de veras.

(*Pausa.*)

STELLA: No puedo entenderlo... Tuvimos un matrimonio feliz durante dos años, ¿sabe? Antes yo ya estuve... en otras partes... mostrando vestidos aquí y allá; mi esposo dirige el negocio. Algo así nunca pasó antes.
HARRY: ¿Qué es lo que no pasó antes?
STELLA: Bueno, que mi esposo de repente haya soñado con una historia tan fantasiosa sin ningún fundamento.
HARRY: Eso es lo que dije. Dije que es una historia fantasiosa.
STELLA: Lo es.
HARRY: Eso fue lo que dije y eso es lo que dice Bill. Los dos pensamos que es una historia fantasiosa.
STELLA: Quiero decir, el Sr. Lloyd estuvo en Leeds, pero yo

casi no lo vi, a pesar de que estábamos parando en el mismo hotel. Nunca me encontré ni hablé con el... y de repente mi marido me acusa de... realmente fue muy desagradable.

HARRY: Sí. ¿Cuál cree usted que tendría que haber sido el motivo? ¿Usted piensa que su marido... no le tiene confianza, o algo así?

STELLA: Por supuesto que la tiene. Lo que sucede es que últimamente no anduvo muy bien; fue por exceso de trabajo.

HARRY: Eso es malo. Sin embargo, usted sabe como es en nuestro negocio. ¿Por qué no se lo lleva para que se tome unas largas vacaciones? Al sur de Francia.

STELLA: Sí. De todos modos, lamento mucho que el Sr. Lloyd tuviera que pasar por todo esto.

HARRY: Oh, ¡Qué hermoso gatito, es un hermoso gatito! Mish, mish, mish. ¿Cómo se llama? Vení acá, mish, mish.

(Harry *se sienta al lado de* Stella, *acaricia y hace mimos al gatito.*)
(*La iluminación baja a media luz.*)
(*La luz se enciende a pleno en la casa.*)
(*Bill y* James, *con copas en la mano, siguen en la misma posición.*)
(*Se oye música. Bill apaga la radio.*)
(*No hay más música.*)

BILL: ¿Tenés hambre?
JAMES: No.
BILL: ¿Una galletita?
JAMES: No tengo hambre.
BILL: Tengo aceitunas.
JAMES: ¿Sí?
BILL: ¿Querés una?

JAMES: No, gracias.
BILL: ¿Por qué no?
JAMES: No me gustan.

(*Pausa.*)

BILL: ¿No te gustan las aceitunas?
   (*Pausa.*)
¿Qué carajo tenés contra las aceitunas?

(*Pausa.*)

JAMES: Las detesto.
BILL: ¿De veras?
JAMES: Detesto su olor.

(*Pausa.*)

BILL: ¿Queso? Tengo un cuchillo estupendo para queso.
   (*Toma un cuchillo para queso.*)
   Mirá. ¿No te parece que es bárbaro?
JAMES: ¿Está afilado?
BILL: Probalo. Tocá la hoja. No te vas a cortar. No si sabés manejarlo. No si agarrás la empuñadura con fuerza.

   (James *no toca el cuchillo.*)
   (Bill *está parado sosteniéndolo.*)
   (*Sigue la luz en la casa.*)
   (*Vuelven las luces a pleno en el departamento.*)

HARRY (*De pie.*): Bueno, adiós. Fue muy linda nuestra pequeña charla.
STELLA: Sí.
HARRY: Ahora está todo claro.

LA COLECCIÓN

STELLA: Me alegro.

(*Se dirigen hacia la puerta.*)

HARRY: Ah, el Sr. Lloyd me pidió que le trasmita sus mejores deseos... y sus recuerdos.
(*Sale. Ella permanece de pie.*)
Adiós.

(*Se cierra la puerta de entrada.* Stella *se acuesta en el sofá con el gatito. Apoya su cabeza, se queda quieta.*)
(*Las luces bajan a media luz.*)

BILL: ¿De qué tenés miedo?
JAMES (*alejándose*): ¿Qué es eso?
BILL: ¿Qué?
JAMES: Creía que era un trueno.
BILL (*a él*): ¿Por qué tenés miedo de agarrar este cuchillo?
JAMES: No tengo miedo. Sólo estaba pensando en el trueno de la semana pasada, cuando vos y mi esposa estaban en Leeds.
BILL: Oh, no empecemos otra vez. Creía que habíamos dejado atrás todo eso. ¿No es cierto? No me digas que todavía te preocupa.
JAMES: Oh, no. Sólo es nostalgia.
BILL: Verdaderamente cuando te enterás de la verdad toda herida sana, ¿no es cierto? Quiero decir, cuando se confirma la verdad. Yo habría pensado que es sí.
JAMES: Por supuesto.
BILL: ¿Qué es lo que queda por pensar? Es algo lamentable que nunca debería repetirse. Sin pasado, sin futuro. ¿Entendés lo que digo? Sos un tipo que estuvo casado durante dos años. ¿No sos feliz? Existe un lazo de hierro entre tu mujer y vos. No puede ser quebra-

do por algo tan trivial como esto. Me disculpé, ella se disculpó. Honestamente, ¿qué más podés esperar?

(*Pausa...* James *lo mira.* Bill *sonríe.* Harry *aparece por la puerta de entrada, la abre y la cierra silenciosamente, y permanece en el hall, sin ser detectado por los otros.*)

JAMES: Nada.
BILL: Toda mujer puede tener tarde o temprano un arrebato de... salvaje sensualidad. Por lo menos a mí me parece. Es parte de su naturaleza. Aunque fuese el tipo de sensualidad que vos mismo nunca tuviste la suerte de experimentar. ¿Qué? (*Se ríe.*) Supongo que es el destino de todo marido. Creo que es el sistema el que tiene la culpa, no vos. Tal vez ella nunca más necesite hacerlo, quién sabe.

(James *se levanta, se acerca a la frutera, y agarra el cuchillo de la fruta. Pasa su dedo a lo largo de la hoja.*)

JAMES: Está bastante afilado.
BILL: ¿Qué querés decir?
JAMES: Dale.
BILL: ¿Cómo?
JAMES: Dale. Vos tenés ese. Yo tengo este.
BILL: ¿Qué tiene?
JAMES: A veces me canso de las palabras, ¿vos no? Juguemos. Para divertirnos.
BILL: ¿Qué tipo de juego?
JAMES: Simulemos un duelo.
BILL: No quiero simular un duelo, gracias.
JAMES: Claro que querés. Dale. El primero al que se toque es una gallina.
BILL: ¿No creés que es poco ingenioso?
JAMES: En absoluto. Dale, a la primera posición.

BILL: Creía que éramos amigos.
JAMES: Por supuesto que somos amigos. ¿Qué carajo te pasa? No te voy a matar. Es solo un juego, eso es todo. Estamos jugando un juego. ¿No sos miedoso, no?
BILL: Creo que es estúpido.
JAMES: Caramba Sos bastante aguafiestas.
BILL: De todas maneras yo dejo mi cuchillo.
JAMES: Bueno, yo lo voy a levantar.

(James *lo hace y lo encara con dos cuchillos.*)

BILL: Ahora tenés dos.
JAMES: Tengo otro en el bolsillo de atrás.

(*Pausa.*)

BILL: ¿Qué hacés con ellos, los tragás?
JAMES: ¿Eso hacés vos?
(*Pausa... Se miran fijo.*)
(*De repente.*) ¡Dale! ¡Tragalo!

(James *lanza el cuchillo a la cara de* Bill. Bill *levanta una mano para proteger su cara y toma el cuchillo por la hoja. Se corta la mano.*)

BILL: ¡Ah!
JAMES: ¡Qué bien lo atajaste! ¿Qué te pasa?
(*Examina la mano de* Bill.)
Dejame ver. Ah, sí. Ahora tenés una cicatriz en tu mano. ¿No tenías ninguna antes, no?

(Harry *entra en el cuarto.*)

HARRY (*entrando*): ¿Qué hiciste? ¿Te cortaste la mano?

Dejame ver. (*A* James.) Sólo un pequeño corte, ¿no? Es culpa suya por no haberse agachado. Debo haberle dicho millones de veces... que cuando alguien le tire un cuchillo, lo más estúpido que puede hacer es atajarlo. Se expone a lastimarse, salvo que fuese de goma. Lo más seguro es agacharse. ¿Usted es el Sr. Horne?
JAMES: Sí, así es.
HARRY: Mucho gusto de conocerlo. Mi nombre es Harry Kane. ¿Lo atendió bien Bill? Le pedí que lo hiciera quedar hasta que yo volviese. Me alegra que pudo esperarme. ¿Qué vamos a tomar? ¿Whisky? Permítame que le sirva. Usted y su esposa tienen esa pequeña *boutique* que está al fondo de la calle, ¿no es cierto? ¡Qué raro que nunca nos encontráramos viviendo tan cerca, siendo todos del mismo *métier*! Bueno, acá tiene. ¿Todavía tenés, Bill? ¿Dónde está tu vaso? ¿Es este? Acá tenés. ¡Oh, dejá de frotarte la mano, por Dios! Sólo es un cuchillo para queso. Bueno, Sr. Horne, todo lo mejor. Brindo por la salud de todos nosotros, por nuestra felicidad y prosperidad para el futuro, incluyendo a su esposa, por supuesto. *Mens sana in corpore sano.* Salud.
(*Beben.*)
De paso, acabo de ver a su esposa. ¡Qué hermoso gatito tiene! Deberías verlo, Bill; es todo blanco. Tuvimos una charla muy agradable, su esposa y yo. Escuche... viejo... ¿puedo ser sincero con usted?
JAMES: Por supuesto.
HARRY: Su esposa... sabe... me hizo una pequeña confesión. Creo que esa es la palabra.
(*Pausa.*)
(Bill *se está chupando la mano.*)
Lo que confesó fue... que había inventado todo. Ella fue la que inventó esa desgraciada historia, por algún

motivo extraño. Bill y su esposa nunca se encontraron, ¿sabe?; ni siquiera se hablaron. Eso coincide con lo que dice Bill, y eso es lo que también su esposa admite. No tuvieron nada que ver entre ellos; no se conocen. Las mujeres son muy extrañas. Pero supongo que usted sabe más de esto que yo; es su esposa. En su lugar yo volvería a casa y le golpearía la cabeza con una sartén, recomendándole que nunca más invente historias como esa.

(*Pausa.*)

JAMES: ¿Entonces ella inventó todo, eh?
HARRY: Me temo que sí.
JAMES: Entiendo. Bueno, muchas gracias por contármelo.
HARRY: Pensé que le quedaría todo más claro, viniendo de una persona que está totalmente afuera del asunto.
JAMES: Sí, muchas gracias.
HARRY: ¿No es así, Bill?
BILL: Oh, sí. Ni siquiera conozco a esa mujer. No la reconocería si la viese. Fue pura fantasía.
JAMES: ¿Cómo está tu mano?
BILL: Bastante bien.
JAMES: ¿No es raro que hayas confirmado toda la versión de ella?
BILL: Fue divertido hacerlo.
JAMES: ¿Ah, sí?
BILL: Sí. Me divertí con vos. Querías que te lo confirmara. Me divirtió hacerlo.

(*Pausa.*)

HARRY: Bill es un muchacho de tugurio, ¿sabe? Tiene un sentido del humor propio de los tugurios. Por eso nunca lo llevo a fiestas. Porque tiene mentalidad de tugurio. No tengo nada contra las mentes de tugurio *per se*, ¿entiende? Nada en absoluto. Hay un determinado tipo de mentalidad de tugurio que está perfectamente bien para el tugurio, pero cuando este tipo de mentalidad de tugurio sale de su ámbito, algunas veces persiste, ¿sabe? y lo pudre todo. Bill es eso. Hay algo ligeramente podrido en él, ¿no le parece? Como una babosa. No hay nada de malo con las babosas cuando están en su lugar, pero él es una babosa de tugurio; no hay nada de malo con las babosas de tugurio cuando están en su lugar, pero esta no quiere mantenerse en su lugar: se arrastra por todas las paredes de hermosas casas, dejando su baba, ¿no es cierto, muchacho? Larga pequeñas, estúpidas y sórdidas historias sólo para divertirse, mientras que todos los demás tenemos que correr en círculo para llegar al meollo de la cuestión, y limar las asperezas. Todo lo que hace es permanecer sentado y chuparse su mano ensangrentada y descomponerse como la sucia podrida babosa que es. ¿Quiere otro whisky, Horne?

JAMES: No, creo que debo irme. Bueno, estoy contento de que no pasara nada. Es un gran alivio para mí.

HARRY: Debe serlo.

JAMES: En realidad mi esposa no ha estado bien últimamente. Demasiado trabajo.

HARRY: Eso es malo. Y bueno, usted sabe cómo es en nuestro ramo.

JAMES: Creo que lo mejor que se puede hacer es llevarla a que tome unas largas vacaciones.

HARRY: Al sur de Francia.

JAMES: A las islas griegas.

HARRY: Por supuesto que es indispensable el sol.

JAMES: Lo sé. Las Bermudas.

HARRY: Perfecto.

JAMES: Bueno, muchas gracias, Sr. Kane, por aclararme la mente. Creo que no voy a hablar de eso cuando llegue a casa. La voy a invitar a salir a tomar una copa o algo así. Olvidarnos de todo.

HARRY: Mejor que se apure. Falta poco para la hora de cierre.

(James *se acerca a* Bill, *quien está sentado*.)

JAMES: Lamento haberte cortado la mano. Por supuesto que tuviste suerte al atajarlo. Si no te hubiera podido cortar la boca. ¿No es tan terrible, no es cierto?
(*Pausa*.)
Mirá... en realidad debería disculparme por esta estúpida historia que mi esposa inventó. La culpa verdaderamente es toda de ella, y mía, por creerle. No es tu culpa por tomar las cosas como lo hiciste. Todo este asunto debe haber sido una carga insoportable para vos. ¿Qué te parece si nos damos la mano como prueba de mi buena disposición?

(James *le tiende su mano*. Bill *se frota la mano pero no ofrece la suya*.)

HARRY: Dale, Billy, ya estamos hartos de esta estupidez, ¿vos no?

(*Pausa*.)

BILL: Te voy a... contar... la verdad.
HARRY: ¡Oh, por Dios, no seas ridículo! Bueno, Sr. Horne, vaya a encontrarse con su mujer, viejo, déjeme este... pícaro a mí.
(James *no se mueve*. *Mira a* Bill.)

Dale, Jimmy, pienso que ya tuvimos bastante de esta estupidez, ¿no creés?
(James *lo mira fijamente.*)
(Harry *se queda quieto.*)

BILL: Nunca la toqué... nos quedamos sentados... en el salón del hotel, en un sofá... durante dos horas... hablamos... hablamos sobre eso... no nos... movimos del salón... nunca fuimos a su habitación... solo conversamos... sobre lo que haríamos... si fuésemos a su habitación... durante dos horas... nunca nos tocamos... sólo hablamos de eso...

(*Largo silencio.*)
(James *sale de la casa.*)
(Harry *se sienta.* Bill *permanece sentado chupando su mano.*)
(*Silencio.*)
(*En la casa, la iluminación baja a media luz.*)
(*En el departamento, la luz aumenta a pleno.*)
(Stella *está acostada con el gatito.*)
(*Se cierra la puerta del departamento.* James *entra. Se queda parado mirándola.*)

JAMES: ¿No hiciste nada, no es cierto?
(*Pausa.*)
No estuvo en tu habitación. Sólo hablaron de eso, en el salón del hotel.
(*Pausa.*)
Esa es la verdad, ¿no es cierto?
(*Pausa.*)
Sólo estuvieron sentados, hablando de lo que harían si fuesen a tu habitación. ¿Eso es lo que hicieron?
(*Pausa.*)

¿No es cierto?
(*Pausa.*)
Esa es la verdad... ¿no es cierto?

(Stella *lo mira, sin confirmar ni negar. Su cara es cordial, simpática.*)
(*En el departamento, la iluminación baja a media luz.*)
(*Los cuatro personajes están inmóviles a media luz.*)
(*Apagón.*)

FIN

ÍNDICE

Introducción: Esccribiendo para mí 7

El cuidador 13

Los enanos 97

La colección 129